新 社会人のための仕事の基本
ビジネスマナー編

「常識力」「コミュニケーション力」を磨こう!

to master the business knowledge for new employee

ビジネス実務研究会 編

日本能率協会マネジメントセンター

■はじめに

ビジネスにおいてもっとも重視されること、それは「ビジネスマナー」です。どんなに仕事ができても、周囲に気配りのできない、つまりビジネスマナーがなっていなければ、まったく評価されないこともあります。それほどに、社会人にとってビジネスマナーは「仕事の基本」ともなるべき、重要なことなのです。「マナー上手は、仕事上手」とよく言われるのも、こうしたことが背景にあるからです。

また、ビジネスマナーが身についていれば、社内外でのコミュニケーションにも自信がついてくるものです。しっかりとした挨拶や話し方、正しいビジネス文書の書き方、お客様への接遇のしかた、こうしたことが自然にできるようになれば、上司や同僚、取引先の方々からも好評価を受けることは間違いありません。

この本では、そうしたビジネスマナーの基本を短期間で身につけられるように、ポイントを整理し、各章ごとに「確認テスト」を設けてあります。これらをマスターすることで、皆様のこれからの社会人生活が楽しいものになるよう、心からお祈り申し上げます。

2007年3月

編者代表

― 目次 ―

新社会人のための仕事の基本 ビジネスマナー編

はじめに

第1章 新社会人として知っておくべきこと

1. 社会人としての自覚を持とう……12
   - 何事にもチャレンジしていく姿勢がよいイメージを与える

2. 「働く」とはどんなことか……14
   - 自分の生活を支え、世の中に貢献すること

3. 会社の社会的な役割とは……16
   - 「会社の社会的な役割」は広範囲に及んでいる

4. 社会人としての正しい行動を意識する……18
   - 一人ひとりがコンプライアンスを正しく理解する

5. 組織のタイプを知る……20
   - 経営スタイルに応じて、ライン&スタッフ組織や事業部制組織などがある

6. 組織の中の役割を知る……22
   - 会社組織は業務内容と責任により階層化されている

7. 顧客満足を追求する……24
   - お客様から支持されてこそ会社は成り立つことを常に念頭に置く

確認テスト……26

新社会人のための仕事の基本　ビジネスマナー編

第2章　職場での正しいコミュニケーションの取り方

1. チームで働くうえで意識すべきこと
   ●チームワークで目標達成を可能にする ……30
2. 上司・先輩とのコミュニケーション
   ●上司や先輩には敬意を持って接するが、必要以上にへりくだることはない ……32
3. 同僚とのコミュニケーション
   ●「親しき仲にも礼儀あり」を通そう ……34
4. 上手な「聴き方」と質問のしかた
   ●コミュニケーションは聴く・話す・理解するの3つが基本 ……36
5. 相手を納得させられる話のしかた
   ●5W2Hをチェックポイントにするなどして話の組み立てを考える ……38
6. 上手な依頼のしかた、断り方
   ●依頼は「素直に・具体的に」お願いし、断りは明確な理由をもって行う ……40
7. アフターファイブのコミュニケーション
   ●職場の人たちとの親睦や就業時間内では得られない話を知ることができる ……42
   確認テスト ……44

第3章　職場でのビジネスマナーの基本

1. 職場のマナーの基本
   ●マナーはコミュニケーションを円滑にするビジネスの基本と心得る ……48
2. 男性の身だしなみ・女性の身だしなみ
   ●身だしなみの基本は「清潔感」「機能的」「職場に合っている」 ……50
3. 就業中のマナー
   ●周囲に迷惑をかけないように、職場の一員として協力姿勢を持つ ……52

― 目次 ―

4. 休日・残業のマナー……54
　●休暇は周りと調整したうえでとる。残業申請も早めに行う

5. 気持ちのよい挨拶とおじぎ……56
　●挨拶は笑顔で、おじぎを添えて、自分から

6. 社内での動作や態度……58
　●立ち居振る舞いに注意し、だらだらした動作で仕事をしない

7. 公私混同は厳禁……60
　●公私混同は禁物、けじめをつけてこそ社会人

確認テスト……62

第4章 報告・連絡・相談のしかた

1. 上司の指示の受け方……66
　●上司の指示は傾聴しながらメモを取り、指示の内容を上司に確認する

2. 報告のしかた……68
　●「簡潔」「具体的」「速やかに」が基本。「悪いこと」こそ、早く行う

3. 社内・部門間の連絡のしかた……70
　●連絡すべき内容をしっかり確認し、速やかに行う

4. 社外への連絡のしかた……72
　●社外への連絡は社内連絡以上の気配りが必要

5. 相談のしかた……74
　●解決へのヒントをもらうつもりで相談する

6. 困ったときの対処法……76
　●困ったときこそ、報告・連絡・相談を密に行う

確認テスト……78

新社会人のための仕事の基本　ビジネスマナー編

第5章 話し方と敬語の基本

1. 話し方で印象は変わる……………………………………………82
● 人は見た目と話し方で印象の9割以上が決まる

2. ビジネスならではの言葉遣い……………………………………84
● 決まり文句は意識して使い回し、体得してしまう

3. 敬語を使ううえで意識すること…………………………………86
● 敬語のポイントは人間関係を言葉に反映させること

4. 敬語の種類…………………………………………………………88
● 尊敬語、謙譲語、丁寧語を的確に使い分ける

5. 受けとめ方が変わる言葉の使い方………………………………90
● クッション言葉、あとよし言葉、肯定表現などで相手の受けとめ方は変わる

6. 注意したい敬語・言葉遣い………………………………………92
● コンビニ敬語やマニュアル敬語など、妙な言い回しに注意する

確認テスト……………………………………………………………94

第6章 電話の受け方・かけ方

1. 電話応対の心がまえ………………………………………………98
● 電話の印象が会社の印象を決める

2. 電話を受ける・電話をかける……………………………………100
● 受ける側もかける側も最初の数秒で決まる

3. 電話を取り次ぐ……………………………………………………102
● 電話の取り次ぎは、相手の名前と用件を確実に伝える

4. 伝言メモを必ず取る………………………………………………104
● 伝言の依頼以外でも、電話が誰からあったかなどのメモは必ず残す

―目次―

第7章 来客の応対のしかた

1. 受付での応対のしかた……106
   - 誰に対しても親切丁寧な応対を心がける
2. 接客の基本……108
   - 「受付・接客7大用語」を用いて、訪問への感謝を心を込めて伝える
3. 案内のしかた……110
   - お客様にわずらわしい思いをさせない配慮が必要
4. エレベータでのマナー……112
   - エレベータの乗り降りはお客様を先に
5. 応接室でのマナー……116
   - 応接室へお通ししたら、席次に配慮する
6. お茶の出し方……118
   - お客様が先、次いで社内の人は役職順
7. お見送りのマナー……120
   - 終わりよければすべてよし。敬意を持って見送る

確認テスト……122

5. 携帯電話のマナー……124
   - 携帯電話は公私のけじめをしっかりつける
6. クレーム電話を受けたとき……126
   - クレームの電話はまず謝罪して、相手の言い分を親身になって聞く
7. 英語の電話を受けたとき……128
   - 英語の電話はあわてず、落ち着いて対応する

確認テスト……130

新社会人のための仕事の基本　ビジネスマナー編

第8章 訪問のしかた

1. 訪問の基本マナー……134
   - 他社を訪問する際は必ずアポイントをとる
2. 名刺交換のマナー……136
   - 名刺は本人の分身と思って大切に扱う
3. 上司を取引先等に紹介する場合……138
   - 上司を相手に紹介した後、相手を上司に紹介する
4. 面談の進め方……140
   - 面談ではタイミングよく用件を切り出す
5. 面談後に行うべきこと……142
   - 面談後のフォローが次の商談への第一歩
6. 出張の準備……144
   - 出張は事前準備を綿密に行い、目的・日程・予算などを上司に報告する

確認テスト……146

第9章 ビジネス文書の基本

1. ビジネス文書の種類……150
   - ビジネス文書は社内文書と社外文書に分類できる
2. 社内文書の基本的な書き方……152
   - 用件を正確に、5W2Hでチェックしてムダなく伝える
3. 社外文書の基本的な書き方……154
   - 社外文書は会社を代表するつもりで書く
4. 封書・葉書の書き方……156
   - 封書や葉書は見た目のバランスも大切

－目次－

5. ファックス・eメールの送り方 ………… 158
● ファックスやeメールの送信は番号やアドレスを十分確認してから送る

確認テスト ………… 160

第10章 接待・会食・冠婚葬祭のマナー

1. 接待の場でのマナー ………… 164
● 接待は信頼関係を構築するために行う

2. 会食のマナー ………… 166
● 会食では、席次は重要な要素

3. 贈答のマナー ………… 168
● 贈り物は相手に喜ばれることを第一に考える

4. 慶事のマナー ………… 170
● 慶事のマナーは返事を出すところから始まっている

5. 弔事のマナー ………… 172
● 弔事には落ち着いて対応する

確認テスト ………… 174

10

第1章

新社会人として知っておくべきこと

1.1 社会人としての自覚を持とう
1.2 「働く」とはどんなことか
1.3 会社の社会的な役割とは
1.4 社会人としての正しい行動を意識する
1.5 組織のタイプを知る
1.6 組織の中の役割を知る
1.7 顧客満足を追求する

新社会人のための仕事の基本
ビジネスマナー編

1.1 社会人としての自覚を持とう

● 何事にもチャレンジしていく姿勢がよいイメージを与える

プラスのイメージをつくろう！

いよいよ、社会人としてのスタートです。社会人と学生の大きく違うところは、「仕事でどれだけ成果が出せたか」が厳しく問われるところです。学生時代のように知識を吸収するだけではなく、吸収した知識を自分なりに考え、それをいかに伝えるかという技術も必要になります。そして、なにより「役に立ちたい」という心構えが大切です。仕事の成果は相手に評価されて、相手の役に立って、初めて成果となるからです。

ただし、確かに成果は大切ですが、何事にもチャレンジしていく姿勢は失わないでください。少々の失敗は新社会人の特権です。「失敗から学んで大きな成果」を出せばよいのです。そうしてチャレンジしていく姿は自分自身にも、上司や同僚、お客様にもよいイメージを与えることができるのです。

第1章 新社会人として知っておくべきこと

社会人に必要な心・技・体

心
「社会の役に立ちたい」「お客様に喜んでいただきたい」という心。そして、「心の健康」をコントロールする力

技
仕事や業務、業界に関する知識やスキル。そして、それを伝える力

体
仕事を達成できる体力。そして、体力を維持するために自己を管理する力

＋

現状に満足せず、伸び続けようとする気力

ここがポイント 社会人としての自立度・チェックリスト

- [ ] これまで学んできたことをぜひ活かしていきたい
- [ ] 働くことで、金銭的に自立したい
- [ ] 働くことで自分を高めていきたい
- [ ] 働くことを通じて、実現したい夢がある
- [ ] 少しぐらいの失敗ではめげない自信がある
- [ ] わからないことは、素直に聞くことができる
- [ ] チャレンジ精神は旺盛だ
- [ ] 会社での自分の仕事の位置づけがわかっている
- [ ] 自分のことだけでなく、相手の立場を考える想像力がある
- [ ] 先輩や上司のまねから始めて、いずれは自分のオリジナルを目指したい

1.2 「働く」とはどんなことか

● 自分の生活を支え、世の中に貢献すること

社会の一員として働くぞ！

　働くということは、「**一人の独立した人間として、労働を提供し、その対価として報酬を受け取る**」ということです。就職したら、対価は会社から受け取ることになります。そして会社とは、「事業活動によって利益を得ることを目的とした集団」のことです。社員に支払う給料の源泉は、会社が得た利益なのです。会社が利益を得るためには、一人ひとりの社員が、自分に課せられた仕事を成し遂げ、お客様から支持されることが前提となります。

　会社の利益の一部は税金として徴収され、日本という国や自分たちが暮らす地域を支えることになります。同様に社員に与えられた報酬の一部も税金として徴収されます。また、社会保険の制度により個人の生活を互いに支え合うことにもなります。働くことは自分の生活を支えるだけでなく、世の中を支えることになるのです。

第1章 新社会人として知っておくべきこと

働くことで世の中を支えている

 ## 社会人としての心構え

精神的に自立する
→「知りません」「教えてもらってません」は誰かに依存している証拠。自ら進んで学ぶ姿勢が必要です。

結果が求められる
→「がんばったのだから…」という言い訳は通用しません。

責任を持つ
→引き受けた仕事は最後までやり遂げることが大切。

自己管理を徹底する
→仕事の進捗管理のみならず、健康管理にも配慮します。

1.3 会社の社会的な役割とは

● 「会社の社会的な役割」は広範囲に及んでいる

会社は社会の一員。皆様とともに生きています

前項で述べたとおり、会社は事業活動を行うことで利益を得ている存在です。お客様から支持されるため、各会社はよりよい商品やサービスを提供しようと競争しています。一方で、会社は社会的な存在です。会社はお客様との関係だけで存在しているのではありません。お客様以外にも、株主、取引先、地域住民、行政機関、金融機関などさまざまな関わりがあります。会社が事業活動を行っていくうえで関わりがある機関や人々を「**ステークホルダー**（利害関係者）」といいます。

会社はステークホルダーすべてに対して、責任を持った行動を取ることが求められています。これを「**社会的責任**」といいます。忘れてならないのは、会社は一人ひとりの社員で成り立っていることです。会社の社会的責任は社員一人ひとりの行動にかかっているといっても過言ではありません。

第1章　新社会人として知っておくべきこと

CSRへの取り組みの例

総合小売業Ｉ社

環境に配慮したプライベートブランド商品（会社独自のブランド）を生産、販売している。

大手消費財メーカーU社

消費者からの信頼を守るため、環境・品質・安全に取り組む姿勢をアピールしている。

総合電気機器メーカーN社

社会貢献を担当する専門の部署を設け、地球環境保全、青少年教育、社会福祉、芸術・文化・スポーツの4つの分野でプログラムを推進している。

コラム　CSRとは…

　Corporate Social Responsibility（企業の社会的責任）の頭文字をとった言葉です。この言葉自体は海外から来たものですが、従来から会社は社会に対してさまざまな貢献することで、社会的責任を果たしてきました。良い商品やサービスを提供すること、税金を納付すること、雇用を作り出すことはもちろんのこと、そのほかメセナ活動（芸術文化支援活動）などによっても貢献してきました。

　近年、会社の不祥事が相次いだことで、CSRはより注目されることになりました。会社はステークホルダーそれぞれとの関係をこれまで以上に大切にし、具体的、かつ相手に配慮した行動を取ることが求められています。その結果、現代の会社に求められる社会的な責任は、従来の概念を超えた範囲にまで広がったといえます。

1.4 社会人としての正しい行動を意識する

● 一人ひとりがコンプライアンスを正しく理解する

　会社の社会的責任の中でも重要なのが「コンプライアンス」です。コンプライアンスとは、日本語では「法令遵守」と訳され、法律や規則を守ることを意味しています。

　では、法律に反する行為さえしなければよいのかというと、そんなことはありません。明らかな法律違反でなくても、会社の取る行動は反社会的なものであってはなりません。ところが近年、国内外の企業での反社会的行動が明るみに出ました。このような会社は信用を失い、業績が極端に悪化しました。存続の危機に陥った会社もあります。

　しかしながら、このような行動を起こしたのは「人」です。社員一人ひとりがその責任を自覚し、法律を守ることはもちろんのこと、その前提となる「倫理観」も問われているのです。

第1章　新社会人として知っておくべきこと

会社の行動はコンプライアンスと倫理観にもとづく

コンプライアンス：(compliance), comply（法令などを守る、遵守する）の名詞形

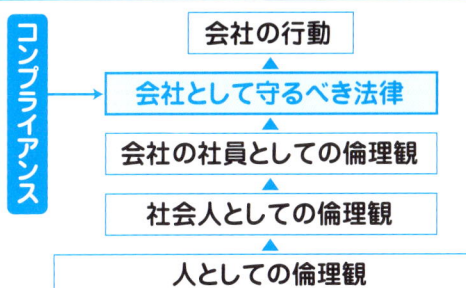

コンプライアンスを実践するには・・・

「一人ひとりが正しい判断基準を持つこと！」

コンプライアンスNG集

通勤電車の中で、会社の重要書類を広げて読んでいた。
公の場では誰が見たり聞いたりしているかわかりません。
場所柄を十分わきまえる必要があります。

未発表の会社の新商品を、大学時代の友人に見せて意見を聞いた。
あまりに軽率です。重要な会社の情報を外部に漏らしています。

お客様からの要望で、上司の自宅の住所と電話番号を教えた。
個人情報はお客様の情報だけではありません。
社員の個人情報についても配慮が必要です。

半年後に自社が新規事業に取り組むので業績がアップすると思い、自社の株を買った。
新規事業を公表していなければ、インサイダー取引になります。

1.5 組織のタイプを知る

● 経営スタイルに応じて、ライン&スタッフ組織や事業部制組織などがある

それぞれの仕事をやりとげることが大切!

　会社が利益を上げ、社会的な責任を果たして存続していくには、「効率的なシステム」が必要です。

　会社の事業活動に関わる仕事は実にたくさんあります。そこで、それぞれの業務内容や活動の特徴によってシステム化したのが**ライン&スタッフ**という組織形態です。**ライン**とは、直接的に利益の源泉となる活動を行う部門です。メーカーであれば生産部門がこれにあたります。**スタッフ**とは、ライン部門が活動しやすいように支援する部門です。どの部門も会社にとってはなくてはならないものです。

　ライン&スタッフ以外では、「**事業部制**」をとる会社もあります。事業部制は、事業部と称される単位が、製品別、地域別などに設定され、各事業部はそれぞれが独立した会社のような活動をします。仕事をするうえでは、自分の所属する部や課を会社全体の中での位置づけで理解することが大切です。

第1章 新社会人として知っておくべきこと

代表的な会社の組織

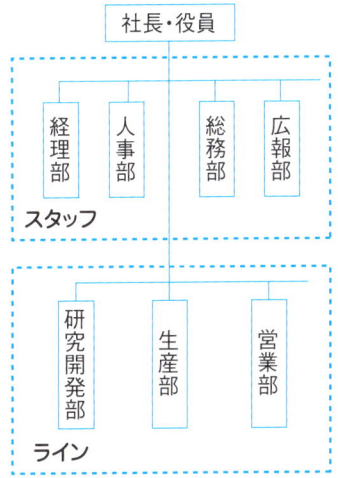

ライン&スタッフ組織

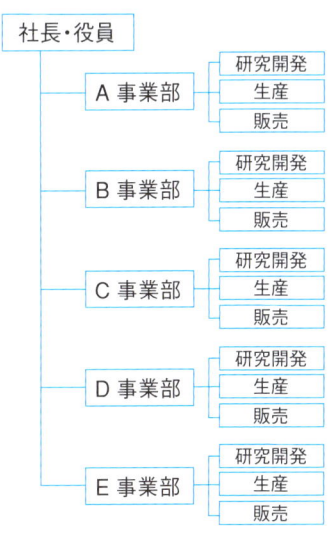

事業部制組織

それぞれの組織のメリット・デメリット

	ライン&スタッフ組織	事業部制組織
メリット	・業務が専門化されやすい ・命令系統が統一され混乱が少ない	・責任の所在がわかりやすい ・すばやい意思決定ができる
デメリット	・ラインとスタッフの意思統一が難しい ・意思決定に時間がかかる ・責任の所在が不明確	・スタッフ部門が重複するのでコスト高になる ・部をまたがる新商品などのアイデアが出にくくなる

1.6 組織の中の役割を知る

● 会社組織は業務内容と責任により階層化されている

偉くなるほど、責任も重くなる

効率的なシステムがあったとしても、それを動かすのは「人」です。社員がそれぞれの仕事を効率的に遂行できるような仕組みも必要となります。会社は「どのような事業活動により、どれくらい売上や利益を稼がなければならないか」をはじめとした「経営の目標」を持っています。目標を達成するためには、社員全員が目標を共有し、努力しなければなりません。そのためには、指示・命令や報告・連絡のルールが整備されている必要があります。

前項のライン＆スタッフが業務の内容で分業されたヨコのシステムだとすれば、指示・命令はタテのシステムといえるでしょう。タテのシステムでは、**上に行くほど、会社の重要な事項を決定する権限を持ちます**。権限を持つということは、責任も重くなることを意味します。このように各自の役割と責任を明確にすることで目標達成につながるのです。

第1章 新社会人として知っておくべきこと

会社の階層構造

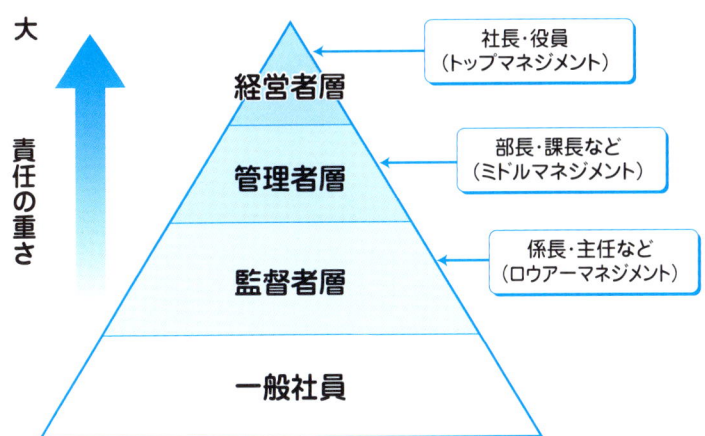

大 ← 責任の重さ

- 経営者層 ← 社長・役員（トップマネジメント）
- 管理者層 ← 部長・課長など（ミドルマネジメント）
- 監督者層 ← 係長・主任など（ロウアーマネジメント）
- 一般社員

ここがポイント 各階層の特徴

	経営者	管理者	監督者	一般社員
業務	会社の経営	業務全般の管理	現場の管理	一般業務
意思決定の内容	会社の存続に関わる重要な意思決定	会社の経営が順調に行われるための意思決定	現場が効率よく運営されるための意思決定	自分の仕事を遂行するための意思決定
役割	経営の目標や方向性を決定し、経営戦略を策定すること	経営戦略を遂行するための具体的なアクションプランを作成すること	日々の業務が効率よく遂行されるようにコントロールすること	自分に課せられた仕事を責任を持って遂行すること

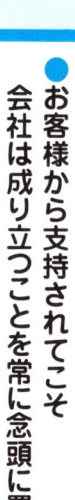

1.7 顧客満足を追求する

● お客様から支持されてこそ会社は成り立つことを常に念頭に置く

いらっしゃいませ。
ご来店まことに
ありがとうございます！

会社が存続していくためには、利益を確保していかなければなりませんが、それには会社の商品やサービスが売れなければなりません。売れるということは、お客様から支持され、「対価を支払ってもよい！」と思っていただけることです。

いまはありとあらゆるモノが世の中にあふれ、お客様の支持を得るには大変な努力が必要です。そこで出てきたのが**「お客様の視点で考え抜き、お客様に選んでいただける商品やサービスを提供しよう」**という考え方です。これが「顧客満足」です。

顧客満足は直接お客様に接する業務を担当する社員だけの問題ではありません。会社として取り組むべき問題です。実際、顧客満足を経営の目標として掲げている会社も多数あります。どんな部署のどんな業務であっても、最終的には顧客満足を実現するための仕事なのです。

お客様の満足を得るためにすべきこと

●お客様の「不満」に敏感になろう
お客様の不満の声に耳を傾けましょう。「本当はどうしてほしいと思っているのか?」を考えながら接します。

●お客様の役に立つことを考えよう
お客様が「本当にどうしてもらいたいか?」をつかむことができたら、次は「それに見合った商品やサービスは何か?」「自分の会社は何が提供できるか?」を考えます。

●お客様の都合を優先させよう
毎日決まった仕事をしているとそれが当たり前になってしまい、お客様の視点で考える意識が弱くなりがちになります。自分の仕事のしかたを客観的に点検する冷静さが必要です。

●ライバルや社外の動きをつかもう
競争相手もお客様の心をつかもうと必死なはず。自社にとってのヒントが得られるかもしれません。

コラム　顧客満足とは

「顧客満足」は英語のCustomer Satisfactionの訳語として理解され、頭文字をとって「CS」という言葉でもよく使われています。そうすると顧客満足という考え方そのものが欧米から来たと思われがちですが、そうではありません。「お客様から支持され、対価をいただく」ことは、従来からわが国でも商売（あるいは事業）の原点とされてきました。

しかし、顧客満足を「お客様を満足させる」と解釈するのは、あまりに「売り手側の（会社側の）視点」です。顧客満足の本質は「お客様の視点で考える」ことです。ところが、「お客様の視点で」といいながら、実際は自分の（あるいは自分の会社の）都合を優先させてしまうことが多いものです。本当の意味で「顧客満足」を実践するのは簡単ではないのです。

【問題3】

「ライン&スタッフ組織」および「事業部制組織」のメリットとデメリットを、それぞれ1つずつ指摘してください。

【問題4】

次の各文章が説明している概念に該当する言葉を挙げてください。

① 経営の目標や方向性を決定し、経営戦略を策定する役割を担う人。
② お客様の視点で考え抜き、お客様に選んでいただける商品やサービスを提供しようという考え方。
③ 経営戦略を遂行するための具体的なアクションプランを作成する役割を担う人。
④ 会社組織の中で、生産や営業など経営の本来的な業務を担当する部門。

【問題5】

次の記述のうち、「顧客満足を考慮しての行動」と思われるものを2つ選んでください。

① お客様の話をよく聞いて、会社の商品を紹介した。
② お客様がどちらの商品にするか決めかねていたので、「当社のイチ押し品」のほうをお勧めした。
③ 初めてお目にかかるお客様なので、先入観を持たないよう事前準備をしなかった。
④ ライバル企業の商品を買って、お客様にとってどこがよいのかを考えてみた。

第1章 確認テスト

● ビジネスマナー編 ●

【問題1】

次の文章の空欄に入る最も適切な語句を語群から番号で選択してください。

働くということは、「一人の独立した人間として、労働を提供し、その（ a ）として（ b ）を受け取る」ということです。就職したら、（ a ）は会社から受け取ります。会社とは「（ c ）によって（ d ）を得ることを目的とした集団」であり、社員に支払う給料の源泉は、会社が得た（ d ）です。一人ひとりの社員が、自分に課せられた仕事を成し遂げ、（ e ）から支持されることが、（ d ）をもたらすのです。

〔語群〕
①売上　②対価　③資金　④報酬　⑤株主　⑥事業活動
⑦行政機関　⑧利益　⑨お客様　⑩営業　⑪申請　⑫経営者

【問題2】

企業の社会的責任とコンプライアンスに関する説明として、適切なものを3つ選んでください。

①従業員への報酬を確保するため、利益を追求することが第一の目標である。
②会社はお客様のことだけを考えて事業活動を行うことで、お客様からの支持を得られる。
③ステークホルダーとは、会社が事業活動を行っていくうえで関わりのある、さまざまな機関や人である。
④ステークホルダーに対して責任ある行動を取ることは、企業の社会的責任である。
⑤コンプライアンスとは、社会人として正しい倫理観を身につけていることである。
⑥新規事業の内容について大学時代の友人に話すことは、会社の社員としての自覚に欠けている。

●ビジネスマナー編● **第1章 確認テスト 解答**

【問題1】 a.②　b.④　c.⑥　d.⑧　e.⑨
［解説］
　会社は利益を追求する集団ですが、従業員を雇うことでその生活を支えたり、税金を政府や地方自治体に納めることで国を支えています。

【問題2】 ③、④、⑥
［解説］
　会社の社会的責任は社員一人ひとりの行動にかかっています。ステークホルダー一人ひとりに恥じない行動をすることが求められています。コンプライアンスとは日本語で「法令遵守」と訳され、法律や規則を守ることを意味しています。

【問題3】
＜ライン＆スタッフ組織＞
メリット　　：①業務が専門化される、②命令系統が統一される
デメリット：①ラインとスタッフの意思統一が困難、②意思決定に時間がかかる、③責任の所在が不明確
＜事業部制組織＞
メリット　　：①責任の所在が明らか、②すばやい意思決定が可能
デメリット：①スタッフ部門のコスト高、②部門間の連携がとれにくい
［解説］
　ライン＆スタッフ組織、事業部制組織は、会社を存続させるための「効率的なシステム」ということができます。自分が会社のどの部門を担当しているのか、仕事の位置づけを把握しておきましょう。

【問題4】 ①経営者（トップマネジメント）　②顧客満足（CS）
　　　　　③管理者（ミドルマネジメント）　④ライン
［解説］
　会社組織については耳慣れない言葉があるかもしれませんが、これらは会社では当たり前に使われている言葉です。覚えておきましょう。

【問題5】 ①、④
［解説］
「顧客満足」をスローガンにするのは簡単ですが、実践するのは大変です。常にお客様の視点を忘れないことが大切です。

第2章

職場での正しいコミュニケーションの取り方

2.1 チームで働くうえで意識すべきこと
2.2 上司・先輩とのコミュニケーション
2.3 同僚とのコミュニケーション
2.4 上手な「聴き方」と質問のしかた
2.5 相手を納得させられる話のしかた
2.6 上手な依頼のしかた、断り方
2.7 アフターファイブのコミュニケーション

新社会人のための仕事の基本
ビジネスマナー編

2.1 チームで働くうえで意識すべきこと

● チームワークで目標達成を可能にする

（今日は飲み会があるから）さて、今日はもう終わり〜っと

　職場は、目標達成に必要な人が集められた場所です。職場で何より求められるのが、「**チームワーク**」です。チームワークとは、その集団を構成する一人ひとりが目標に向かって自分の任務を遂行し、1＋1が3にもそれ以上にもなるような力を発揮することです。そのためには集団としての目標を共有し、個人の目標と集団の目標の方向性が一致していなければなりません。

　もうひとつ重要なのが、「**互いに協調・協力する**」ことです。個々の社員がどれだけ優秀でも、それぞれの目標がばらばらでは職場の目標を達成することはできないでしょう。また、お互いが個人的な好き嫌いにこだわっていては協力し合うことはできません。感情を超えて、積極的にコミュニケーションを取ることが、チームワークを発揮させます。それには**正しい会話の基本を身につける**ことが大切です。

第2章 職場での正しいコミュニケーションの取り方

チームワークを良くする10の心がけ

1. 挨拶は自分から積極的にする。
2. 返事は大きな声で「はい!」という。
3. 仕事の内容を確認し、目標を理解する。
4. 仕事を全体像でとらえ、自分の仕事の位置づけを理解する。
5. 職場のメンバー(上司や先輩、同僚など)と仕事の進捗度合い、問題点などを報告・連絡しあう。
6. できるだけFace To Faceを心がける。
7. 朝礼やミーティングなどは積極的な態度で臨む。
8. 職場のルールを守り、社会人としての信頼を得る。
9. 相手の話をよく聞く。
10. 職場を離れたところでの人間関係もおろそかにしない。

コラム 人間関係の2つの側面

企業には目に見える公式な組織(フォーマル組織)以外に、職場の人間関係や感情によって心理的影響を与える非公式な組織(インフォーマル組織)が存在します。

一種の信頼関係で結ばれているインフォーマル組織は、いわゆる根回しなどで有効に機能する一方、目に見えない大きな抵抗勢力になることもあります。双方がかみ合っている状態ならコミュニケーションはうまくいきます。

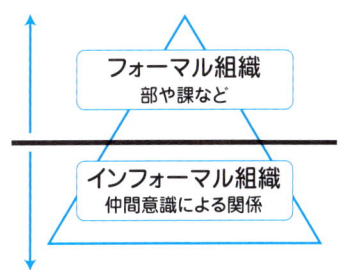

2.2 上司・先輩とのコミュニケーション

● 上司や先輩には敬意を持って接するが、必要以上にへりくだることはない

上司という存在は、職場ならではのものです。上司とは年齢が離れていることも多く、「何を話したらいいのか…」と心配になるかもしれません。上司は職場の責任者であると同時に、部下を教育・指導する立場でもあります。必要以上に緊張する必要はありませんが、「目上の人に接する」ということを踏まえ、**敬意を持って**接しなければなりません。

上司に比べると、先輩は話しやすく感じるでしょう。先輩にはちょっとした疑問を聞いたり、仕事の具体的なやり方を教えてもらったりする機会が多くあります。しかし、先輩も目上であることに違いありません。**なれなれしい態度や口調は禁物**です。ただし、必要以上にへりくだったり、お世辞を言うことはありません。マナーをわきまえながらも、積極的にわからないことは質問してください。それが信頼を得ることにつながっていきます。

第2章 職場での正しいコミュニケーションの取り方

上司や先輩に好かれる態度

●上司も先輩も自分より目上であることを忘れない
→常に尊敬の念を持って接する。

●けじめのある態度を心がける
→いくら話しやすくても上司は上司、先輩は先輩。

●呼ばれたらすぐに返事をし、立って話を聞く
→「は～い」と間延びした返事は×、「はい!」と元気よく。「座って」と椅子をすすめられるまでは立っている。

●ちょっとした気遣いで上司、先輩をたてる
→エレベータや車の乗り降りは上司・先輩を先に。

●意見を求められたら、自分の意見を素直に述べる
→しかし、何を言ってもいいのではない。反対の意見を言うときには「ごもっともだと思いますが、わたしは○○○と思います」という言い方で「全面否定」しない。

上司・先輩へのNGワード・行動集

「でも…」「○○で忙しいので…」
なんらかの理由をつけて仕事を引き受けないのはNG。

「別に～」
やる気がないように受け取られる。口癖になっていないか注意。

「○○っすよ～」「っていうか」
「学生気分が抜けていない!」と思われる。

上司の前ではゴマをすり、いないところで悪口を言う
間違いなく、信頼をなくす。

2.3 同僚とのコミュニケーション

● 「親しき仲にも礼儀あり」を通そう

同僚は貴重な存在です。同じ時期に入社し、同じような悩みを抱え、一緒に成長していける得がたい財産になるかもしれません。入社直後は互いに励まし合う関係でしょうが、数年経てばそれぞれの職場の中堅社員です。そのころには、与えられた仕事だけでなく、自ら「仕事を創っていく」立場となっているでしょう。そうなると、同僚は社内の情報収集をするうえで、大きな力を発揮してくれます。**同僚とは親しく、それでいてお互いが高め合っていけるような関係**でありたいものです。

重要なのは、学生時代の友人関係とは違うということです。学生時代の友人は自然に気が合って、仲良くなったというのが通例でしょう。しかし、同僚とはその会社にいるかぎり付き合っていかなければならないのです。永く良い関係であり続けるには「親しき仲にも礼儀あり」、これに尽きます。

第2章 職場での正しいコミュニケーションの取り方

同僚との接し方

- 会社では一番本音で話せる存在。しかし、何を言ってもいいわけではない。
- 同僚が仕事のことで困ったり、悩んでいるときは進んで相談に乗る。
- 仕事に役立つ情報は進んで交換し、互いに高め合うよう努力する。
- 何かをお願いするときは相手の状況をよく見て行う。引き受けてくれたときは、感謝の意を表す。
- うわさ話や悪口は言わない。どこからか伝わり、結局いやな思いをするのは自分。
- お金の貸し借りは厳禁。トラブルの元と心得る。

同僚は、助け合い、競争し、高め合う存在である！

コラム 「懇親会」に注意しよう

A君は月に一度、同期仲間で自主的に行っている「勉強会」を楽しみにしている。同期との情報交換もためになるが、その後の飲み会はもっと楽しみだ。ある日、会社の近くの居酒屋Bで「懇親会」と称した飲み会が始まった。だんだんお酒が入って興に乗ってくると、声も大きくなっていた。周りの人が迷惑していることに誰も気づかない。

次の日、A君は部長に呼ばれた。「昨日はBで随分にぎやかだったそうだな」「え、どうして知ってるんですか？」「あの店にたまたま知人がいてね。君たちの会話から僕の部下だってことがわかって知らせてきたんだ」「…」。

A君はそのとき、他人が自分のことを「○○社の社員」として見ていることを痛感した。

2.4 上手な「聴き方」と質問のしかた

● コミュニケーションは聴く・話す・理解するの3つが基本

> わかりました。すぐにとりかかります。いつまでに仕上げればよろしいでしょうか

会社に入ると、はじめは仕事の手順や取引先との関係などわからないことばかりです。それは当然のことで、わからないことは質問をしたらよいのです。知ったかぶりをして、あとで恥をかくのは自分です。知らないことは素直に教わる姿勢が大切です。しかしながら、「どう質問するか」は案外むずかしいものです。なぜなら、いい加減な質問では自分が聞きたいことが聞けないからです。また相手に失礼です。

質問は次の3つの要素で成り立っています。

● 聴くこと（単に耳に入るではなく、しっかり聞く）
● 理解すること（相手の言いたいことをくみ取る）
● 話すこと（相手がわかりやすいように話す）

質問することはコミュニケーションそのものです。まずは相手の話を聴き、それを理解し、質問という形でこちらから話すことを心がけましょう。

第2章 職場での正しいコミュニケーションの取り方

聴き方&質問のコツ

聴き方のコツ

- メモを取る
- うなづく、あいづちを打つ
- 相手の目を見る
- 数量を表す場合は具体的な数字を挙げてもらう
 「広い」「安い」→×
 「100㎡ほど」「1,000円」→○
- 固有名詞は漢字も間違えないように正確に聞き取る
- 相手が話をしやすい場所を選ぶ
- 相手の気持ちと考え方を理解する

質問のコツ

- カンタンなやりとりから始める
 例「最近お忙しいですか?」
 「今日は朝から暑いですね」
- 答えやすい質問(はい、いいえ、で答えられる質問)から入って気持ちをほぐす
 例「○○はお好きですか?」
- 相手の意見を引き出したいときは、広がりのある質問をする
 例「○○について、どのようにお考えですか?」

ここがポイント コミュニケーション能力チェック!

- [ ] 職場の雰囲気を良くするため、明るく振舞うことを心がけていますか?
- [ ] 人の話を聞くとき、最後まできちんと聴いていますか?
- [ ] 相手の状況を見て、話しかけていますか?
- [ ] 元気のない人がいたら、積極的に声をかけていますか?
- [ ] 話の腰を折らないよう、間を考えて質問していますか?
- [ ] 忠告や意見を素直に聴けますか?
- [ ] 本当に理解するまで質問していますか?

2.5 相手を納得させられる話のしかた

● 5W2Hをチェックポイントにするなどして話の組み立てを考える

（イラスト内のセリフ）
え～っと、あの～、○○という理由で…
何が言いたいのかわからない！

私たちが誰かに話しかけるときには、「相手に何かをしてほしい」という依頼を含んでいることがほとんどです。ですから、相手に自分の思いを伝え、理解してもらい、その結果としてこちらが望む行動を起こしてもらえれば、話しかけた目的が達成されたことになります。

たとえば、「書類の書き方を教えていただきたいのですが」と上司に話しかけたとしましょう。その意図は「書類の書き方を理解したい」という気持ちを理解してもらい、「書き方を教える」という相手の行動を促そうとしているわけです。そのためには、相手に「納得」してもらわなければなりません。

話すということは、自分が言いたいことを喋るだけではないのです。会話はキャッチボールといわれるように、相互の理解があって、初めて成り立ちます。常に相手の立場を考えて話しかけたいものです。

第2章 職場での正しいコミュニケーションの取り方

相手にわかってもらえる話し方

- **話す目的がはっきりしている**
  → 話すことが目的ではなく、相手に行動を起こしてもらうことが目的。
- **相手を観察する**
  → 忙しいとき、誰かと話しているときに話しかけるのは禁物。
- **言いたいことを詰め込みすぎない**
  → 相手は一度にいろいろ言われても処理しきれない。
- **できるだけ短く、簡潔に話す**
  → だらだら話してしまうのは、論点を整理できていない証拠。
- **結論から先に話す**
  → まず「○○です」と言ってしまえば、相手はそのつもりで聞いてくれる。結論がなかなか出ないと、相手をいらいらさせてしまう。
- **相手の反応をよく見る**
  → たとえば、腕組みをしているのは「面白くない」というサイン。興味を持っていれば、しっかりと話し手を見て聞いているもの。
- **リスクや課題も話す**
  → 誠実な印象を与える。解決策も練られていればなお良い。

ここがポイント 5W2Hで説明しよう!!

What	何を行うのか（行ったのか）
Who, Whom	誰が、あるいは誰に対して行うのか
When	日時、時間は明らかか
Where	どこで行うのか
Why	なぜ行うのか
How	どのように行うのか
How much(many)	どのくらいの費用で（数量で）行うのか

2.6 上手な依頼のしかた、断り方

● 依頼は「素直に・具体的に」お願いし、断りは明確な理由をもって行う

> 課長、〇〇の件でお願いがあるのですが、ご説明させていただきたいので、お時間をいただけますでしょうか？

仕事を進めていくうえで、誰かに協力を依頼したり、反対に依頼を受けることがあります。まず、何かをお願いする場合は、それなりの姿勢で臨むべきです。相手が積極的にあなたのお願い事に協力してくれるかは、「依頼のしかた」にかかっていると考えてよいでしょう。依頼する際に気をつけたいのは次の2点です。

● 素直にお願いする
● 具体的にお願いする

相手が「引き受けてもよい」と思えるのは、あなたの「力を貸してほしい」という気持ちを感じたとき、自分が協力する内容がよく理解できたときです。

一方で、依頼を断る場面もあります。断るときは、その理由が納得できるものでなければなりません。また、あいまいな返事は余計迷惑をかけるのできっぱりと断ることも大切です。

依頼のマナー・3つの心がけ

●表情や態度にも気を配る
依頼する内容はもちろんのこと、話し方や態度、表情も大切。慇懃(いんぎん)無礼(れい)な態度では相手は引き受けたくなくなる。

●具体的な内容を示す
「お願いします」を繰り返すだけでは、相手は何をしていいかわからない。いつまでにしてほしいのか、誰にお願いしたいのか、何をしてほしいかを明確に伝えること。

●お願いしっぱなしにしない
最終的な目標は、依頼した内容が、期限内に依頼したとおりに行われること。途中の進捗状況などを確認する。

NOの言い方

1 相手の話をよく聞く
内容を落ち着いてよく聞き、相手の立場や状況を理解する。

2 理解を示していることを伝える
相手の立場に立って意見を述べ、相手の状況を理解していることを示す。

3 事実関係を明確にする
応じきれない自社の実情をわかりやすく、理解を求めながら話していく。

4 明確に「NO」を伝える
力になれないことを深く詫び、感謝の言葉を添えて、きっぱりと断る。

NOを言うための準備

- ●断りきるための理由をそろえておく（それでも断れなかった場合のことも考えておく）。
- ●断りの理由を簡潔に、わかりやすくまとめておく。
- ●断ったあとのアフターフォローについて準備しておく。
- ●本当に断らなくてはならないのか、部分的でもできることはないか考える。
- ●本当に代替案はないのかを考える。

2.7 アフターファイブのコミュニケーション

● 職場の人たちとの親睦や就業時間内では得られない話を知ることができる

アフターファイブに上司や先輩から飲みに誘われる機会もあるでしょう。その場合、特に理由がなければお付き合いしましょう。「仕事が終われば、あとはプライベート」と考える人もいますが、職場はチームで仕事をしているわけですから、メンバー同士の信頼関係はとても大切です。また、酒席だからといってお酒を飲むことを目的としているわけではありません。目的は**お互いを理解し、コミュニケーションをよくすること**にあります。上司の誘いを受けると次のようなメリットがあります。

● **話しづらかった上司と親睦を深められる**
● **仕事の情報やヒントが得られる**

上司にご馳走になったときには、当然と思わず「ご馳走様でした」とお礼を述べましょう。同僚と飲んだ場合はワリカンにするのが貸し借りなく合理的です。

覚えておきたい"飲み会"での心得

- 飲み会で得られるメリットを考え、できるだけ誘いに応じる。
- 体質的にお酒が飲めなくても、ノンアルコール飲料で付き合う。
- 乾杯のときは目上の人よりグラスを高く上げない。
- 飲み物がなくなっていないか、周りに気を配る。
- プライバシーの詮索は必要以上にしない。
- できるだけ、参加者全員と話をするようにする。
- 「無礼講」といわれても、何をしてもいいわけではない。節度は守る。
- 断るときには、「ご一緒したいのですが、今日中にこの仕事を片付けてしまわなければなりませんので…」などとやわらかい表現で理由を明らかにする。

お酒にまつわるNG集

NG　飲みすぎて朝起きたら二日酔い。遅刻してしまった！
自分の適量を知るべし。翌日仕事なら早めに切り上げる。

NG　上司への不満をぶちまけてしまった！
愚痴はほどほどに。聞くほうもいい気はしない。

NG　カラオケでマイクを独占してしまった！
メンバー全員が楽しめなければ、コミュニケーションの場ではない。

NG　異性になれなれしい態度をとってしまった！
セクハラと受け取られかねない。十分注意する。

NG　同僚のプライバシーをしゃべってしまった！
プライバシーを暴露された同僚も、それを聞いていた周りの人も大切な話をあなたにしなくなる。

【問題3】

聴き方と質問のしかたについて、最も適切なものを1つ選んでください。

①相手の目をなるべく見ないようにして話を聞いた。
②聞きたいことが出てきたので、すぐに質問した。
③相手が無口な人なので、答えやすい質問から始めた。
④先入観を持たないように、相手のことを何も学習せずに聞いた。
⑤相手の話がよくわからなかったが、時間になったので聞くのをやめた。
⑥わからないことがあるので、電話中の上司に「わからないことがあるので教えてください」と書いたメモを差し出した。

【問題4】

仕事上で、相手に何かを依頼する際の心がけを3つ挙げてください。

【問題5】

相手を納得させられる話し方についての記述のうち、正しいものには○印を、間違っているものには×印をつけてください。

①話す目的は相手の反応を見ながら考える。
②結論から話し、経過や理由はあとで述べる。
③時間を短縮するため、一度に言いたいことをいくつか言う。
④リスクや問題点なども素直に話すと誠実な印象を与えられる。

第2章 確認テスト

●ビジネスマナー編●

【問題1】

次の文章の空欄に入る最も適切な語句を語群から選択してください。

チームワークとは、その集団を構成する一人ひとりが（ a ）に向かって自分の任務を遂行し、1＋1が3にもそれ以上にもなるような力を発揮することです。そのためには集団としての（ a ）を（ b ）し、個人の（ a ）と集団の（ a ）の（ c ）が一致していなければなりません。もうひとつ重要なのが、「互いに（ d ）する」ということです。また、お互いが個人的な好き嫌いにこだわっていては（ d ）し合うことはできません。感情を超えて、積極的に（ e ）を取ることが、チームワークを発揮させるのです。

〔語群〕
①協力　②ミーティング　③方針　④目標　⑤議論
⑥コミュニケーション　⑦計画　⑧共有　⑨方向性　⑩数値

【問題2】

職場でのコミュニケーションについて、次の文章を読んでA君の問題点を2つ指摘してください。

> A君は入社してまもなく、営業1課に配属されました。早くに職場に慣れようと、積極的にコミュニケーションを取るようにしています。今日は課長が営業2課の人たちにA君を紹介してくれるといいます。いまの職場に慣れることが先決なので気が進みませんが、仕方がないのでついていくと、自己紹介するように課長に言われました。まったく用意していなかったのでうまくできませんでした。

●ビジネスマナー編● 第2章 確認テスト 解答

【問題1】 a. ④　　b. ⑧　　c. ⑨　　d. ①　　e. ⑥
[解説]
　個人的な感情にとらわれず、積極的にコミュニケーションを取ることが、チームワークを発揮させます。それには正しい会話の基本を身につけることが大切です。

【問題2】
①自分の職場のみに気を取られ、さらに社内での人間関係を広げようとする積極性がないこと。
②自己紹介はいつどこですることになるかわからない。いつでもできるように心得ておくべきである。
[解説]
　コミュニケーションは自分の職場だけでするものではありません。人間関係を広げるためにも、積極的に他の部署の人々とも関わるとよいでしょう。

【問題3】③
[解説]
　コミュニケーションは「聴くこと」「理解すること」「話すこと」で成り立っています。どれが欠けてもよいコミュニケーションにはなりません。

【問題4】
①表情や態度にも気を配る
②具体的な内容を示す
③お願いしっぱなしにしない
[解説]
　お願い事は、その内容が実行されるまで確認することが大切です。

【問題5】①×　　②○　　③×　　④○
[解説]
　①話す目的は、話す前から決めておきます。③一度にたくさんのことを伝えると、相手が混乱してしまうので避けたほうがよいでしょう。

第3章

職場でのビジネスマナーの基本

3.1 職場のマナーの基本
3.2 男性の身だしなみ・女性の身だしなみ
3.3 就業中のマナー
3.4 休日・残業のマナー
3.5 気持ちのよい挨拶とおじぎ
3.6 社内での動作や態度
3.7 公私混同は厳禁

新社会人のための仕事の基本
ビジネスマナー編

3.1 職場のマナーの基本

● マナーはコミュニケーションを円滑にするビジネスの基本と心得る

会社という組織では実にさまざまな人が働いています。年齢では十代から六十代ぐらい、抱えている仕事もさまざまなら、考え方や価値観もさまざまです。そのような人たちがお互いに気持ちよく働くための最低限のルールが**ビジネスマナー**です。

具体的には、身だしなみ、言葉遣い、動作や立ち居振舞いなどがありますが、その共通の目的は「**意思の疎通**」といえます。ビジネスマナーという共通のルールを介してコミュニケーションを円滑にしようというわけです。20歳前後の新入社員と60歳のベテラン社員の間に共通の話題を探すのは難しいことでしょう。しかし、協力して仕事をしなければなりません。お互いの共通の基盤としてあるのがビジネスマナーです。新入社員でもビジネスマナーの基礎ができていれば、自信を持ってベテラン社員と接することができるのです。

「ビジネスマナーがちゃんとできれば、一人の社員として見てもらえる！」

第3章 職場でのビジネスマナーの基本

ビジネスマナー・3つの心得

```
        相手に敬意を払う
               │
          ビジネスマナー
         /            \
相手に迷惑をかけない    相手に良い印象を与える
```

- **敬意を表す**
  敬語、言葉遣い、来客の対応、接待や公式の場でのマナーなど。
- **迷惑をかけない**
  報告連絡相談のしかた、ビジネス文書の作成、チームワークなど。
- **良い印象を与える**
  話し方、聴き方、電話の応対、面談のマナーなど。

ここがポイント ビジネスマナー以前のチェックリスト

☐ 健康管理は自分でしていますか？

☐ 自分のことは自分でできますか？

☐ 相手を思いやる気持ちがありますか？

☐ 仕事の場とプライベートの場、使い分けはできますか？

☐ いつも安定した気持ちで仕事に臨めていますか？

☐ さまざまな年代の人と臆することなく話ができますか？

☐ 異性に対して相手が不快に思うような言動をしていませんか？

3.2 男性の身だしなみ・女性の身だしなみ

周りに合わせた働きやすい服装を

ビジネスの場では清潔感が大切

● 身だしなみの基本は「清潔感」「機能的」「職場に合っている」

身だしなみを整えることはビジネスマナーの基本です。もし、ビジネスの相手がシワだらけのシャツ、汚れた袖口のジャケットを着ていたら、あなたはどう思いますか？ そのような相手と商談をしたいとは思わないでしょう。ビジネスの場での身だしなみは、おしゃれなことが要求されるわけではありません。次の3つを考慮した服装を心がけましょう。

● 清潔感があること
● 機能的であること
● 職場に合っていること

清潔感があることと機能的であることは、どのような職場においても共通です。「職場に合っている」とは、その仕事の内容にふさわしい服装と考えてください。また、取引先など社外の人と面談するときは、相手に合わせた服装に替えるなどTPO（時と場所と場合）をわきまえた服装を心がけましょう。

第3章 職場でのビジネスマナーの基本

服装のチェックポイント

男性の服装 〈ここがポイント〉

- [ ] ワイシャツの袖、襟が汚れていないか
- [ ] ズボンの折り目がきちんとあるか
- [ ] ネクタイは緩んでいないか、スーツに合ったものを選んでいるか
- [ ] ジャケットにシミやシワがついていないか、ボタンが取れていないか
- [ ] 靴下は穴があいていないか、地味な色か
- [ ] ヘアスタイルは整えられているか
- [ ] 時計や小物は目立ちすぎていないか
- [ ] 自分に似合っているか
- [ ] 靴はよく磨かれているか

●これはNG!●

- ●無精ひげ ●派手すぎるシャツ、ネクタイ、靴下
- ●長髪、極端な髪形・茶髪 ●汚れて伸びた爪

女性の服装 〈ここがポイント〉

- [ ] スカートの丈は短すぎないか、裾のほつれはないか
- [ ] シャツやブラウスの袖や襟は汚れていないか、シワになっていないか
- [ ] 長い髪ならひとまとめにするなど、じゃまにならないようにしているか
- [ ] 化粧は派手すぎないか、はげたり、崩れたりしていないか
- [ ] ストッキングは伝線していないか
- [ ] 服装とバッグは調和が取れているか
- [ ] 靴はきちんと磨いてあるか

●これはNG!●

- ●前髪が目に入りそう ●強すぎる香水やコロン
- ●派手すぎるマニキュア ●襟ぐりの開きすぎたシャツ

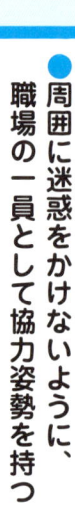

3.3 就業中のマナー

● 周囲に迷惑をかけないように、職場の一員として協力姿勢を持つ

大勢の人が働く職場では、自分勝手な行動は許されません。職場の一員として迷惑をかけないよう行動します。まずは朝の出社時です。学生時代なら、授業開始ぎりぎりに間に合えばよかったでしょう。

しかし、職場ではそうはいきません。

たとえば始業時間が9時であるなら、8時45分には出社して、9時から仕事がスタートできるように準備を整えなければなりません。また、終業の時刻になったからといって、さっさと仕事を切り上げて帰ってしまうのも考えものです。予定していた仕事がちゃんと終えたかを確認し、明日のスケジュールをチェックして、静かにデスクを整理整頓しましょう。帰る際は周囲の人に「**お先に失礼します**」と声をかけます。特に予定がなければ忙しそうにしている人に「**お手伝いできることはありますか？**」と声をかける配慮も必要です。

第3章 職場でのビジネスマナーの基本

就業中の心がけ

● **始業5分前には席に着き、今日の仕事の予定を確認する**
→始業時にはすぐに仕事に取りかかる。無駄な時間はもったいない。

● **整理整頓をする**
→自分の席だけでなく、公共のスペースを掃除したり職場環境全体に配慮する。

● **離席する際は、行き先と所要時間を周囲に告げる**
→電話が入ったり、来客があったときに周りの人が困らないように。

● **外出する際は、上司に許可をとり、行き先とおおよその帰社時間を伝えておく**
→予定より大幅に遅れそうなときには連絡を入れる。また、外出先からそのまま帰宅する際は事前に許可を得ておくこと。

ここがポイント 終業時のチェック

- [ ] 机の上に資料などが出しっぱなしになってないかを確認する
- [ ] 業務で使用した書類や借りたものがあれば、元の場所に返す
- [ ] 明日のスケジュールを確認し、仕事の手順を考えておく
- [ ] パソコンやプリンタなどの備品の電源を落とす
- [ ] 「お先に失礼します」と声をかけられたら、「お疲れ様でした」という（「ご苦労様」は、目上の人が目下の人を労う言葉なので使わない）

覚えておこう！ 遅刻・早退・欠勤のルール

- 事前にわかっている場合は上司に申し出る。
- 届出などがあれば提出する。
- 仕事の引継ぎ、連絡事項は確実に行う。
- 遅刻しそうなときには、必ず連絡を入れる。
- 遅刻したときは、まず詫びる。
- 約束の時間に遅刻しそうだと思ったらその時点で連絡を入れ、変更を申し出る。

3.4 休日・残業のマナー

● 休暇は周りと調整したうえでとる。残業申請も早めに行う

> 課長、企画書を本日中に仕上げなければなりません。1時間ほど残業してもよろしいでしょうか？

休暇を取るには、**早めに上司の許可**をもらいます。の許可を得なければならないのかを考えてみましょう。仕事は毎日変化しています。自分では差し支えないと思っていても、仕事の全体を見て管理している上司からすれば、違う見方があるわけです。ですから、一方的な都合で「この日に休みます」ではなく、「この日に休暇をいただきたいのですがよろしいでしょうか?」と伺いを立てることが大切です。

残業も同じです。突発的に発生した事態に対応して残業になってしまうこともありますが、多くの場合は時間管理の甘さが原因です。残業は、会社にとって人件費というコスト増につながります。長時間働くことが会社への貢献ではありません。**所定の時間内にきっちり仕事を終えてこそ、会社に貢献する**ことになるのです。

残業しないための5つの工夫

1 自己管理を徹底する
自分で立てた計画・目標の達成を心がける。現実の仕事の進行状況との差を埋めるのが残業。

2 目標を立てる
残業するときは「今日はここまでやる」という目標を再設定する。

3 残業は集中して
残業することになった理由を考え、集中して早く仕事を終わらせる。

4 仕事がはかどらなければ次の日の朝という選択肢も
どうしても気分が乗らない場合には、思い切って帰宅、次の日早朝から仕事にかかる。

5 どうしても終わらない場合は早めに相談する
相談を受けた上司も、早いほど次の手が打ちやすい。

ここがポイント 知っておきたい職場の用語

「有給休暇」
6か月継続勤務し、全労働日の8割以上出勤した場合には、最低10日の年次有給休暇が取得できる。

「就業規則」
労働時間、休憩時間、休日、休暇、賃金、賞与、手当、退職、表彰、懲戒など職場で働く際に必要になるさまざまなことを定めた職場のルールブック。

「裁量労働」
実際の勤務時間と関係なく、あらかじめ決めた時間を働いたとみなして給与を支払う仕組み。研究職、エンジニア、企画立案など単純な労働時間だけでは管理が難しい業種に適用される。

「フレックスタイム制」
始業・終業の時刻を労働者自身が決定できる制度。1日のうちで必ず就業する時間(コアタイム)を定め、その前後にいつ勤務してもいいフレキシブルタイムを設定しているケースが多い。

3.5 気持ちのよい挨拶とおじぎ

● 挨拶は笑顔で、おじぎを添えて、自分から

挨拶は職場の雰囲気を明るくし、人間関係にも大きな影響を与えます。それだけでなく、挨拶ができる人はそれだけで社会人としての評価が高まります。挨拶は職場の人に対してだけでなく、お客様をお迎えするとき、他社を訪問したときなど、さまざまな場面で必要です。

社外の人と接するときなどは、あなたの第一印象を決めるのは、挨拶の出来いかんといっても過言ではないでしょう。しかも、あなたの第一印象はあなたの会社の印象となるのです。

挨拶をする際の留意点は次のとおりです。

- 明るく、元気よく、笑顔で、自分から
- 言葉ははっきり言う
- 相手の目を見ながら
- 言葉を言ってからおじぎをする

一番大切なのは、心を込めて挨拶することです。

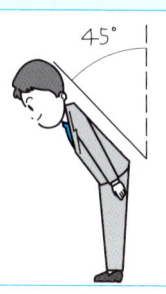

第3章 職場でのビジネスマナーの基本

3つの立礼

会釈 (えしゃく) 15°
軽いおじぎ、同僚との挨拶など

一般的なおじぎ 30°
上司と接する、お客様のお迎え・お見送りなど

敬礼 45°
感謝、謝罪の意を表すときなど

美しいおじぎは

1.相手の目を見る　2.頭を下げる　3.頭を上げる をゆっくり行うこと

ここがポイント TPOに応じた挨拶

- 外出するとき→ 「いってまいります」
- 用事を頼まれた→ 「かしこまりました」
- 用事をお願いする→ 「お手数をおかけいたしますが、○○をお願いいたします」
- 帰社したとき→ 「ただいま戻りました」
- 帰社した人に→ 「お帰りなさい。お疲れ様でした」
- ミスを注意された→ 「大変申し訳ございません、以後注意します」
- 部屋に入る→ 「失礼いたします」
- お礼を言う→ 「どうもありがとうございます」

●これはNG!●

- 無表情　●わざとらしい　●ほかの作業をしながら
- 首だけを何度も上下に振る

3.6 社内での動作や態度

● 立ち居振る舞いに注意し、だらだらした動作で仕事をしない

何げない動作も見られています！
NG

「立つ、歩く、座る」という動作は頻繁に行われ、なおかつ目立ちます。何気ないこれらの動作がなぜ大切かというと、それはあなたの仕事への姿勢を映しているからです。きびきびとした立ち居振る舞いは、一生懸命仕事に向かおうとする姿勢を表します。反対にだらだらした動作はやる気のなさを映します。そして、人はあなたの姿勢を一瞬で見抜きます。

すべての動作の基本となるのが「美しい立ち姿」です。立ち姿をきれいに見せるには次の点に留意しましょう。

● 肩の力を抜いて、背筋を伸ばす
● 両足のかかとをそろえ、つま先は少し開く
● 両手は自然に横に下ろす（女性は軽く前で組む）
● 目線は相手の顔に置く

前項のおじぎも美しい立ち姿から始まります。鏡を見て、自分の立ち姿をチェックしてみましょう。

きれいな歩き方・座り方

きれいな歩き方

POINT
- 背筋を伸ばす
- 下を向かない
- 腕を振りすぎない
- 一歩は大きすぎず小さすぎず

きれいな座り方

POINT
- 椅子の背は静かに引く
- 背筋を伸ばして座る
- 男性は軽く指を握る
- 女性は軽く指を揃えて重ねる
- 浅すぎず、深すぎず座る

態度・動作のNG

NG 腕組み、足組み
腕組みは拒絶のサイン、足組みは偉そうに見える。

NG 貧乏ゆすり
落ち着きのない人と思われる。周囲の人に迷惑。

NG 髪をいじる、ペンを指でくるくる回す
仕事への意欲がまったく感じられない。

NG 肩をいからせて歩く、ちょこまか小走りをする
肩をいからせるのは横柄な印象。小走りは落ち着きがない。

3.7 公私混同は厳禁

●公私混同は禁物、けじめをつけてこそ社会人

> 今度の日曜？
> うん空いてる空いてる。
> じゃあ
> いつものところで
> NG

社会人となれば、1日の3分の1ほどが仕事時間になります。新入社員でまだ仕事に慣れない間は緊張感を持って仕事に臨むでしょうが、だんだん気持ちが緩んでくるものです。そんなとき、あいまいになってしまうのが仕事と私用の境界線です。

たとえば、最近はほとんどの人が携帯電話を持っていますので、「私用電話は携帯電話でするからいいんじゃないか」と思う人がいるかもしれません。確かに会社の電話は使っていませんが、仕事の時間を私用に使っているわけです。

公私混同がいけない理由は次の2つです。
● 会社の情報や秘密を漏らしかねない
● 余計なコストとなる

会社の情報を守るのは当然ですが、つい口が滑って…ということがあります。また、社員が仕事以外のことをするのは会社にとっては無駄になります。

第3章 職場でのビジネスマナーの基本

実はNG、こんな行為

- 仕事には直接関係のないホームページを見ていた！
- 友達に会社のアドレスで私用メールを送った！
- ちょっと時間が空いたので、携帯電話で友人に電話した！
- 大学の同窓会の案内を、会社のコピー機を使ってコピーした！
- 営業用の自動車で、週末にドライブに行った！
- 友人が来たので、社員食堂に案内してお茶を飲んだ！
- 他社の人も利用するトイレで営業会議の内容を議論した！
- 机の上に書類を出しっぱなしにして帰った！

ここがポイント こんなときどうする？

3日間ほど有給休暇をとりたいのですが…
→なるべく早くに上司に相談する。職場として明らかに忙しい時期は避けるべき。

社内恋愛を成就したいのですが…
→まさしく「けじめ」が大切。周囲に余計な気遣いをさせないためにも、「水面下で」が無難。

取引先の人から交際を迫られているのですが…
→その気がないなら、きっぱりと断る。ただし、「お気持ちはうれしいのですが…」など大人の断り方を心がける。

覚えておきたい！ 喫煙のマナー
- 公的な場はほとんどが禁煙と心得る。
- 所定の喫煙所、屋外など影響の少ない場所でタバコを吸う。
- 訪問先では禁煙。灰皿が置かれてあっても、相手が吸わなければ迷惑になるので吸わないのが無難。
- しかるべき場所で吸う場合も、「よろしいですか」と一言断る。

d.実際の勤務時間と関係なく、あらかじめ決めた時間を働いたとみなして給与を支払う仕組み

〔語群〕
①慶弔休暇　②フレックスタイム制　③みなし労働時間　④就業規則
⑤有給休暇　⑥成果主義　⑦裁量労働　⑧労働協約

【問題4】

次のTPOとその場に応じた挨拶の言葉を結びつけてください。

〔挨拶〕
① 用事を頼まれた　　　a.「お疲れ様でした」
② ミスを注意された　　b.「かしこまりました」
③ 用事をお願いする　　c.「大変申し訳ございません」
④ 帰社した先輩に　　　d.「お手数をおかけいたしますが、○○をお願いいたします」

【問題5】

公私のけじめについての記述のうち、正しいものには○印を、間違っているものには×印をつけてください。

① 灰皿が置いてあったので、「よろしいですか」と聞いてから吸った。
② 仕事が早く終わったので、インターネットのサイトをいろいろ見ていた。
③ 明らかに忙しい時期は避けて、有給休暇を上司に願い出た。
④ 高校の同窓会の案内メールを、会社のパソコンから送信した。

第3章 確認テスト

●ビジネスマナー編●

【問題1】

次の文章の空欄に入る適切な語句を語群から選択してください。

ビジネスマナーには、「（　a　）を表す」「迷惑をかけない」「良い印象を与える」などの意味がありますが、その共通の目的は、誰とでも（　b　）が図られるように配慮するということです。配慮のひとつに「身だしなみを整える」ことがあります。職場における身だしなみは、「（　c　）があること」「（　d　）であること」「（　e　）に合っていること」が求められます。

〔語群〕
①職場　　②好意　　③意思の疎通　　④流行　　⑤協調性
⑥敬意　　⑦清潔感　　⑧情報の共有化　　⑨機能的　　⑩おしゃれ

【問題2】

就業中のマナーについて、適切なものを2つ選んでください。

①自分の席だけはいつも整理整頓を心がける。
②離席するときは、行き先と所要時間を上司にだけ告げる。
③約束時間に遅刻しそうなときは、その時点で速やかに連絡を入れ、変更をお願いする。
④上司が出張から帰ってきたので「ご苦労様でした」と挨拶した。
⑤終業時には明日のスケジュールを確認し、パソコンなどの電源を落とす。

【問題3】

次の各文章が意味する語句を、語群から選択してください。

a．職場で働く際に必要になるさまざまなことを定めた職場のルールブック
b．6か月継続勤務し、全労働日の8割以上出勤した場合には、最低10日取得できる
c．始業・終業の時刻を労働者自身が決定できる制度

●ビジネスマナー編● 第3章 確認テスト 解答

【問題1】 a.⑥　b.③　c.⑦　d.⑨　e.①
[解説]
　ビジネスの場での身だしなみは、おしゃれなことが要求されるわけではありません。TPOをわきまえた服装を心がけましょう。

【問題2】 ③、⑤
[解説]
　自分の席だけでなく、公共のスペースを掃除したり職場環境全体に配慮します。トイレ以外に離席する際は、行き先と所要時間を周囲に告げ、電話などがあっても困らないようにします。上司が帰社したときにかける言葉は「お疲れ様でした」です。「ご苦労様でした」は目上から目下を労う言葉です。

【問題3】 a.④　b.⑤　c.②　d.⑦
[解説]
　休暇をとりたいときには、早めに上司の許可をもらいます。許可を得たら、正式な届出を提出します。

【問題4】 ①→b　②→c　③→d　④→a
[解説]
　挨拶は職場の雰囲気を明るくし、人間関係にも良い影響を与えます。

【問題5】 ①○　②×　③○　④×
[解説]
　②会社で使用するパソコンは業務に使うためのものです。インターネットでの情報検索も業務に関係すること以外はいけません。④同窓会の案内メールは個人的な用件です。業務に関係がないので、会社のパソコンから送るのはいけません。公私混同がいけないのは、「会社の情報や秘密を漏らしかねない」「余計なコストとなる」といった理由があります。

第4章

報告・連絡・相談のしかた

4.1 上司の指示の受け方
4.2 報告のしかた
4.3 社内・部門間の連絡のしかた
4.4 社外への連絡のしかた
4.5 相談のしかた
4.6 困ったときの対処法

新社会人のための仕事の基本
ビジネスマナー編

4.1 上司の指示の受け方

- 上司の指示は傾聴しながらメモを取り、指示の内容を上司に確認する

> ○○さん、この報告書の要点を整理しておいてくれないか？

> かしこまりました。いつまでにご報告すればよろしいでしょうか？

会社などの組織では、多くの人が関わっているので、各自が自分勝手に仕事を進めては効率が悪くなってしまいます。そこで必要なのが「**ホウ・レン・ソウ（報告・連絡・相談）**」です（以下、報連相）。

報連相は上司と部下の関係はもちろんのこと、部門間、社内外とさまざまな場面で必要です。組織が大きくなるほど、また伝達の手段が増えるほど、適切な報連相が求められるのです。

報連相は上司の指示からスタートします。まずは上司の指示を正しく理解しなければなりません。難しい仕事や経験のない仕事の指示を受けたときは、次のような姿勢で受け止めましょう。

- 信頼されていると思い、積極的に取り組む
- 自分の仕事の領域を広げるチャンスととらえる

指示された内容に不明な点があれば、その場で質問し、確認しておけば後でトラブルになりません。

第4章 報告・連絡・相談のしかた

職場のホウ・レン・ソウ

- **ホウ＝報告とは…**
  上司からの指示・命令に対し、その経過や結果を知らせること。
- **レン＝連絡とは…**
  自分の意見を交えず、事実情報を関係者に知らせること。
- **ソウ＝相談とは…**
  自分が判断に迷うとき、上司や先輩、同僚に参考意見を聞くこと。

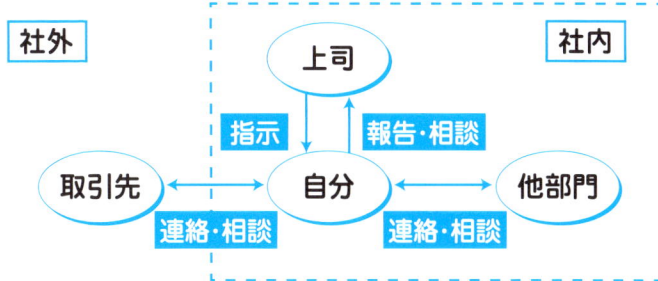

[社外] | [社内]

上司 ─（指示／報告・相談）─ 自分
取引先 ←（連絡・相談）→ 自分 ←（連絡・相談）→ 他部門

ここがポイント 指示を受けるときの留意点

- 呼ばれたら「はい」と返事をして席を立つ
- メモと筆記用具を持って、呼んだ人の席に行く
- 上司が自分のほうに来たときは、立ち上がって指示を受ける
- 指示の内容を、メモを取りながら正確に聞き取る
- 最後まで指示の内容を聞き、わからないことは話が終わってからまとめて聞く
- ポイントを復唱し、確認する。特に期限は間違えないように
- 意見があるときは、「ひとつ提案があるのですが、」と素直に述べる
- 指示を受けたらその仕事を最後まで責任を持ってやり抜く

4.2 報告のしかた

- 「簡潔」「具体的」「速やかに」が基本。
- 「悪いこと」こそ、早く行う

> 課長、○○の件でご報告させていただきたいのですが、いまお時間よろしいでしょうか？

上司から与えられた仕事は、その仕事の成果を報告することで完結します。報告が必要なのは次のような場合です。

- 指示された仕事が終わったとき
- 長期の仕事の進捗状況を知らせるとき
- 新しい情報を入手したとき
- 仕事の改善方法を見つけたとき

報告すべき相手の上司も忙しいでしょうから、事前に報告したい旨を申し入れ、時間を確保してもらいます。仕事の報告はこまめにする習慣をつけましょう。

ところで、仕事の成果が上がった場合は気持ちよく報告できますが、ミスしたことや自分にとって不利になるようなことの報告はためらいがちになります。しかし、ひとりの小さなミスが会社の存続に関わるような失敗に結びつかないとも限りません。悪い報告こそ、「迅速に、自ら進んでする」ことが大切です。

第4章 報告・連絡・相談のしかた

口頭でする報告・文書でする報告

口頭で報告する場合

- 日常業務の進捗状況の報告
- 業務遂行中にミスが発生した
- 外出先からの報告
- いずれ文書で報告するが、まず、伝えておきたいとき

POINT

- 結論を先に述べ、あとで経過や状況、理由を説明する。
- 事実と、意見や感想は分けて話す。
- 自分の意見を言うときは「これは私の意見ですが、」と前置きをする。
- 報告件数が複数あるときは、重要度や緊急度が高いものからする。

文書で報告する場合

- 文書で報告するよう指示されているとき
- 報告内容を記録、保管する必要があるとき
- 報告内容に図表や数字が入るとき

POINT

- 書式があればそれに従う。
- わかりやすいタイトルをつける。
- 要点は箇条書きでまとめ、読みやすくする。

ここがポイント 好ましくない報告の例

× 「**多分**大丈夫だと思います」
→なぜ大丈夫なのか、客観的な事実が必要。

× 「売上は**かなり**アップしました」
→どれほどの売上が、いくらアップしたのか、何割アップしたのか、具体的な数字で示すべき。

4.3 社内・部門間の連絡のしかた

● 連絡すべき内容をしっかり確認し、速やかに行う

上司から「○○の件を連絡しておいてほしい」と指示されることがあります。そのとき、連絡の内容をしっかりと確認します。間違った内容を伝えては、関係者全員に迷惑をかけることになるからです。

社内での連絡に、「○○の変更」という場合があります。日時の変更、場所の変更などです。この場合、「なぜ変更になったか？」という背景を把握してから連絡するとよいでしょう。

たとえば、各部の部課長が集まる会議があるとします。それぞれは忙しい中で会議の時間を確保しているわけですから、「せっかく時間をとっていたのに…」という不満が起きるかもしれません。しかし、変更の連絡を入れるときに「○○部で緊急に対応しなければならない事態が発生したので、1週間会議を延期することになりました」と説明すれば、相手も納得するはずです。

第4章 報告・連絡・相談のしかた

ケース別・連絡の方法とポイント

●急を要する場合
→手段を選んでいる暇はない。口頭でも、電話でもファックスでもとにかく早くに連絡をすること。

●大勢に知らせたい場合
→人が集まる場所(会議、朝礼など)で時間をもらい、口頭で伝える。社内報、掲示板(社内システムの掲示板など)を利用する。

●必ず相手に知らせたい場合
→本人に口頭で連絡する。文書を本人に手渡しする。

●数字などが入っていて間違いやすい内容を伝える場合
→概要は口頭でもよいが、必ず文書を添える。

連絡がうまくいかない4つの理由

その1　連絡の内容が複雑すぎる
→連絡したいことが多すぎるのかもしれない。優先順位をつけて連絡する。必要であれば何度かに分けて連絡をする。

その2　連絡の内容がわかりにくい
→連絡する人が内容を理解していない証拠。5W2Hで整理してもらう。連絡を指示した人の意図を確認してもらう。

その3　連絡に時間がかかる
→情報伝達のシステムが徹底されていない。重要な事項は何度か確認を入れる。

その4　連絡しても返事がない
→返事を催促するのは失礼ではない。期限を決めて返事をもらう。

4.4 社外への連絡のしかた

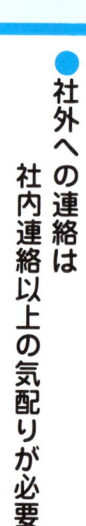

● 社外への連絡は社内連絡以上の気配りが必要

> 先ほどメールでご連絡した件でご連絡です。できましたら、明日中にご回答いただけるとありがたいのですが

社外への連絡は取引先やお客様への連絡ということになります。信用問題やクレームの発生にもつながりかねませんから、社内での連絡以上に気配りが必要です。以下は、社外への連絡をする際に注意する点です。

● **タイミングを考える**

連絡は早いほどよいのですが、早すぎても相手は迷惑です。一番よいタイミングを見計らいましょう。

● **重要な連絡には確認を入れる**

メールで連絡することも多いのですが、確実に伝えたい用件は電話で確認するほうがよいでしょう。

● **回答はできるだけ早く**

自分が連絡を受ける立場になることもあります。そのときには責任を持って連絡を受け、早く対応します。その際、「〇〇までにこちらからご連絡いたします」と日時を伝えれば相手は安心するでしょう。

第4章 報告・連絡・相談のしかた

社外への連絡・ケース別対処法

社外への連絡・ケース1

○予定していた打ち合わせを延期したい

対処法

なるべく早く、先方に連絡する。再度打ち合わせを設定したい場合は、相手の都合のよい日時を2、3挙げてもらい、極力それに合わせるようにする。

社外への連絡・ケース2

○宛先間違いのファックスが送られてきた

対処法

ファックスの送信元に連絡するほうが親切。内容にもよるが、受発注に関する事項だと大きなトラブルとなる可能性が高い。反対に自分が間違った先へファックスを送ってしまうこともないとはいえない。重要な案件は送信後、相手先に確認を入れる。

社外への連絡・ケース3

○お客様への回答が遅れて、再度連絡の要請があった

対処法

クレームに発展しかねないケースなので、慎重な対応が必要。まずはすぐに連絡を入れ、回答が遅れたことへの謝罪を述べる。そのあと、なぜ対応に時間がかかったか、あとどれぐらいお待ちいただいたら確実な回答ができるかを伝える。その際、誰からどのような方法で連絡するかを明示する。

4.5 相談のしかた

● 解決へのヒントをもらうつもりで相談する

仕事上で迷ったり悩んだりすることがあった場合、上司や先輩に相談してみるのもよいでしょう。1人で悩んでいて解決策が見つからず、もうどうにもならない状況になる前に相談するほうが、自分のためでもあり、職場のためでもあります。また、相談することによって、よいアドバイスをもらえるだけでなく、コミュニケーションの活性化にもつながります。相談を受けた上司や先輩も、素直に相談してきた部下を受け入れてくれるものです。

ただし、よいアドバイスをもらうためには、次ページのとおり、いくつか注意すべきことがあります。なにより、「最終的には自分で解決する」という姿勢が必要です。一方、先輩や上司から忠告を受けることもあるでしょう。そんなときは、あなたのことを「もっと伸ばそう」としているのです。謙虚に前向きに受け止めてください。

第4章　報告・連絡・相談のしかた

相談の留意点

●悩みの内容を明確にしておく
→自分がわかっていなければ、相手もどう答えてよいかわからない。自分が何について悩んでいるのかを明確にし、原因はどこにあるのかを考えておく。

●仕事上の悩みは上司に相談
→仕事上生じた悩みは、その仕事の依頼者である上司にするのが基本。案外すぐに解決するかもしれない。

●相談するタイミングを計る
→相談する相手が忙しくないときを見計らう。相手が忙しいと、相談内容に集中してもらえず、よいアドバイスを受けることができない。

●完璧な回答を求めない
→結果は自分で出すものであり、相談した上司や先輩が出すものではない。

ここがポイント　上司から忠告を受けたときの心構え

「叱られた」と思わず、「期待されているのだ」と前向きに受け止める

正しい姿勢で、背筋を伸ばして聞く

自分のミスは素直に謝る

言い訳や他人のせいにしない

反省はするが、落ち込みすぎない

上司の悪口を言うのは、逆恨み

最後に「ありがとうございました」と感謝の意を表す

4.6 困ったときの対処法

● 困ったときこそ、報告・連絡・相談を密に行う

> どちらのご指示を優先させればよろしいでしょうか？

　毎日仕事をしていると、実にいろいろなことが起こります。その都度、どのように対応するかを判断しなければなりません。たとえば、直属の上司ではない、部長があなたを呼んで仕事の指示を出したとき、あなたはどう対処するでしょうか？　上司の上司ですから、断るわけにはいきません。しかし、直属の上司から指示されている仕事を放り出すわけにもいきません。ここで一番よくないのは、あやふやに仕事を引き受けて、結局どちらもできなかったというケースです。直属の上司にも、部長にも迷惑をかけることになります。

　このような場合、上位者である部長の指示を優先させるのが一般的です。ただし、直属の上司には断りを入れます。このようなちょっとした配慮が人間関係を円滑にするのです。対処に困ったときほど、報告・連絡・相談をしっかり行いましょう。

第4章 報告・連絡・相談のしかた

● ケース別・困ったときの対処法 ●

ケース1・指示が重なった！

　上司が、いま抱えている仕事に加えて、新しい仕事の指示を出してきたとき、いきなり「できません」というのはよくありません。上司は案外、気がつかずに指示を出しているかもしれません。「現在、ご指示をいただいた○○を進めておりますが、どちらを優先させましょうか？」と優先順位を確認します。

ケース2・予定どおりに終わらない！

　抱えている仕事の締め切りが迫ってきましたが、このままのペースでは終わりそうにないと思ったときには、早めに上司に相談します。期限がきて「できませんでした」と報告するのはもってのほか。相談するときには、あとどれぐらい時間があれば完成しそうかなど、見通しを述べましょう。

ケース3・進め方に疑問を持った！

　仕事を進めている最中に、仕事のやり方に疑問を持ったり、もっと効率的な進め方を発見したとします。それはよいことですが、勝手にやり方を変えてはいけません。あなたの仕事は全体の一部だからです。あなたが勝手にやり方を変えると、それによって迷惑を受ける人がいるかもしれません。しかるべきタイミングで提案します。

ケース4・緊急事態が発生した！

　緊急事態が発生したときは、まず落ち着くことが大切です。事態を見極め、上司や関係部署に連絡します。自分で対処できることは行って、その状況や課題をあとで上司に報告します。

⑤数字などが入っていて間違いやすい内容を伝える場合、単位などを間違えないように口頭で伝える。
⑥予定していた打ち合わせを延期して、再度打ち合わせを設定したい場合は、相手の都合のよい日時に極力合わせるようにする。

【問題4】

相談の仕方や忠告の受け方について、社会人の行動としてふさわしいものを3つ選んでください。

①自分なりに何を相談したいのかを明確にしておいた。
②仕事上の悩みは上司には相談しにくいので、学生時代の仲間に相談した。
③相談したい相手の様子をみて、忙しくないときに相談した。
④仕事上の悩みは、上司が結論を出してくれるので、気軽に相談した。
⑤上司からミスを指摘されたので「時間がなかった」ことを説明した。
⑥上司から忠告を受けて落ち込んだが、前向きにとらえることにした。

【問題5】

不測の事態が起きたときの対処法について、正しいものを結んでください。

〔対処法〕
①指示が重なった　　　　　a.よいやり方を、タイミングをみて提案する。
②進め方に疑問を持った　　b.早目に上司に相談し、次の指示を仰ぐ。
③緊急事態が発生した　　　c.落ち着いて自分でできることは対処する。
④予定どおりに終わらない　d.仕事の優先順位を確認する。

●ビジネスマナー編● 第4章 確認テスト

【問題1】

上司の指示を受ける際の行動について、次の記述のうち正しいものには○印を、間違っているものには×印をつけてください。

①呼ばれたら「はい」と返事をして、メモと筆記用具を持って呼んだ人の席に行く。
②指示の内容を頭にとどめるためにその場で暗記し、メモは取らない。
③最後まで指示の内容を聞き、わからないことは話が終わってからまとめて聞く。
④上司の指示に対して意見を言うのは失礼なので、言わない。
⑤指示を受けたら、その仕事を最後まで責任を持ってやり抜く。

【問題2】

次の報告業務について、文書で行うべき報告にはA、口頭で行うべき報告にはBをつけてください。

①報告内容を記録、保管する必要があるとき
②日常業務の進捗状況の報告
③業務遂行中にミスが発生した
④報告内容に図表や数字が入るとき
⑤外出先からの報告

【問題3】

社内および社外への連絡について、適切なものを3つ選んでください。

①大勢に知らせたい場合は、人が集まる場所(会議、朝礼など)で時間をもらい、口頭で伝える。
②社外への連絡はとにかく早く行うことが最優先である。
③必ず相手に知らせたい場合は、電子メールで何度か送信する。
④自分が担当でない事項の連絡でも、責任を持って必要な人に伝える。

●ビジネスマナー編● 第4章 確認テスト 解答

【問題1】 ①○　②×　③○　④×　⑤○

[解説]
②指示の内容は必ずメモに残します。④上司に意見を言うことは失礼ではありません。しかし、話の腰を折らないよう、上司が話し終わってから意見を述べましょう。報連相は上司の指示からスタートします。まずは上司の指示を正しく理解しなければなりません。

【問題2】 ① A　② B　③ B　④ A　⑤ B

[解説]
文書で報告をするのは、報告の内容に数字や図表が入るとき、報告の内容を記録・保管する必要があるときなどです。口頭で報告するのは、日常業務の進捗状況など口頭で済ませられるものや、文書を作っている時間がないような緊急性の高いもの、口頭でしか報告ができないような状況にあるときです。

【問題3】 ①、④、⑥

[解説]
②社外への連絡は必ずしも早ければよいということはありません。相手の状況を考え、判断します。迷うようなら上司に相談します。③電子メールは相手がいつ読むかわかりませんので、電話などで確認を入れるとよいでしょう。⑤数字や単位などは間違えやすいので、文書やメモなど記述したものがあると確実です。

【問題4】 ①、③、⑥

[解説]
②仕事上の悩みは、その仕事を理解している人でなければ、よいアドバイスはもらえないでしょう。上司に相談しにくければ、先輩などに相談してみましょう。④悩みを解決するのは上司ではなく、本人です。⑤「時間がなかった」は言い訳です。時間に間に合うように、また確認をする時間を考慮して仕事を進めます。

【問題5】 ①→d　②→a　③→c　④→b

[解説]
①指示が重なったときは、指示を出した上司に優先順位を確認します。自分で勝手に決めないようにしましょう。②進め方に疑問を持っても、その場でやり方を変えてはいけません。その手順で何人かが関わっている場合はひとりだけやり方を変えると混乱してしまうかもしれないからです。③緊急事態が発生したら、自分でできることはして、ひと段落したら関係者に連絡をします。④予定どおりに終わりそうにないときは、早めに上司に報告します。「悪い報告ほど早く」を心がけましょう。

第5章

話し方と敬語の基本

5.1 話し方で印象は変わる
5.2 ビジネスならではの言葉遣い
5.3 敬語を使ううえで意識すること
5.4 敬語の種類
5.5 受けとめ方が変わる言葉の使い方
5.6 注意したい敬語・言葉遣い

新社会人のための仕事の基本
ビジネスマナー編

5.1 話し方で印象は変わる

● 人は見た目と話し方で印象の9割以上が決まる

話し方や言葉遣いは印象を決める大きな要素です。アメリカの心理学者メラビアンによると、見た目（服装や身ぶり手ぶり、態度や表情など）と話し方（口調や話すスピードなど）でその人の印象の9割以上が決まるということです。

まず、社会人として気をつけなければならないのが、「学生言葉」を使わないということです。学生言葉は、いわば「仲間うち」で通じればよいのです。ところが、社会人になるとさまざまな年齢や立場の人と話をすることになります。さまざまな人とスムーズに話をするツールとして、敬語やビジネスレベルの言葉遣いをマスターしなければならないのです。しかし、一番大切なのは**相手への思いやり・尊敬の念**です。いくら敬語の使い方が完璧でも、その背景に「心」がなければ、相手はすぐに見抜いてしまいます。**言葉は心を表す**のです。

第5章 話し方と敬語の基本

相手に与えるインパクト

- 内容 **7%**
- 話し方（声のトーン、強弱、スピードなど） **38%**
- 見た目（服装・態度・身ぶり・手ぶりなど） **55%**

メラビアンの法則より

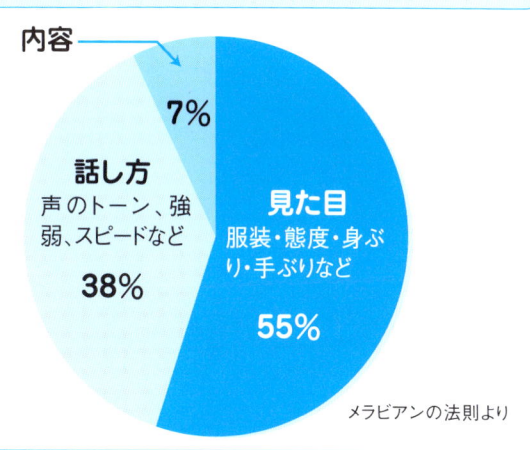

見た目と話し方で印象の9割以上が決まる!

ビジネスマナーがしっかりできていれば、それだけでかなり好印象を与えられる!!

ここがポイント 間違った言葉遣い

✗ 山田部長はお出かけになっています。

正しくは「山田は外出しております」。社外の人に対して言うときは、いくら役職が高くても、社内の者には敬称はつけません。「部長の山田」はOK。「お出かけになる」は尊敬語なので、社内の者には使いません。社内の者の動作は、謙譲語で「○○しております」というのがふさわしい言い方です。

✗ 拝見なさってください。

正しくは「ご覧ください」。拝見という言葉は「見る」の謙譲語であり、目上の人や社外の人に対して使います。目上の人やお客様などには、尊敬語の「ご覧になる」を用います。

5.2 ビジネスならではの言葉遣い

● 決まり文句は意識して使い回し、体得してしまう

> はい、わかりました！課長にそのように申し伝えます

ビジネスの場での言葉遣いのポイントは、会社組織での上下関係と、自社と他社またはお客様という横の関係を言葉に反映させるということです。

まず、自分自身のことは「わたくし」と言うのが基本です。自社のことは「わたくしども」あるいは「当社」「弊社」と言います。社内では、役職のない先輩や同僚に対しては「○○さん」、上司に対しては「○○部長」と役職名で呼ぶのが基本ですが、会社によっては役職者も「○○さん」と呼ぶところもあります。また、よく使う言葉遣いを覚えてしまうのもよいでしょう。なにかをお願いするときの「恐れ入りますが、○○をお願いできますでしょうか」、謝罪するときの「大変申しわけございません」といった言葉は、自然に言えるようになるまで練習しましょう。このような言葉を増やしていくことで、ビジネスレベルの言葉遣いが身についてきます。

第5章 話し方と敬語の基本

覚えておくと便利な言い回し

✕	〇
わかりました	●かしこまりました　●承知いたしました
そうです	●さようでございます ●ごもっともでございます ●おっしゃるとおりでございます
誰ですか	●どなたさまですか ●どちら様でいらっしゃいますか
いいですか	●よろしいですか
そんなことはないです	●そのようなことはございません ●なにかのお間違いかと存じますが
どうでしょう	●いかがでしょうか
言っておきます	●申し伝えます
それについては	●その件につきましては
もう一度言ってください	●もう一度ご説明いただけますか ●もう一度おっしゃっていただけますか

コラム 「できません」「わかりません」「知りません」

「〇〇お願いできますか?」「できません」
「〇〇について教えてください」「わかりません」
「〇〇についてご存知ですか?」「知りません」

　こんな回答はビジネスの場ではあり得ないといっていいでしょう。なぜなら、会話がそこでストップしてしまうからです。もしかしたら、お客様や取引先を失ってしまうかもしれません。「いまは手がふさがっておりますが、少々お時間をいただけますか?」「私にはわかりかねますが、お調べして回答させていただけますか?」「存じ上げませんが、詳しい者からご連絡させましょうか?」と代替案を示し、次につなげる努力が必要です。このような配慮がビジネスレベルの会話といえます。

5.3 敬語を使ううえで意識すること

● 敬語のポイントは人間関係を言葉に反映させること

> かしこまりました。コピーを10部用意して、会議室にお届けいたします

敬語はその名のとおり、相手を敬う気持ちを表すと同時に次の意味があります。

- ●礼儀・礼節を表す
- ●相手との適正な距離感をとる
- ●自己の品格を示す
- ●その場が公的である、というメッセージ

社会人として敬語が使いこなせることは、必須の条件です。敬語のマスターには、次の2つの観点から配慮するとよいでしょう。ひとつは「言葉の組み立て方」を知ることです。もうひとつは「人間関係によって使い方を変化させる」ということです。

言葉の組み立て方そのものはルールさえ覚えてしまえば難しくはありません（次項参照）。むしろ難しいのは、「人間関係をすばやく把握し、表現に反映させる」ことでしょう。これはだんだん慣れていけばよいのです。

第5章 話し方と敬語の基本

敬語の5つの意義

- **尊敬の気持ち**
  相手を尊敬しているというメッセージ

- **礼儀・礼節**
  丁寧な表現をすることによる配慮の心

- **場の雰囲気**
  公式の場であるというメッセージ

- **自己表現**
  自分自身の品位も高く保つ

- **適正な距離感**
  適正な人間関係を表現する

コラム 人間関係によって変わる敬語

A「山口部長をお願いします」
B「山口はただいま会議中でございます。お急ぎのご用件でしょうか？」

この短い会話から、Bさんは山口部長の部下など社内の人だということがわかります。また、Aさんは社外の人だということもわかります。なぜなら、「山口部長」と敬称をつけているからです。

では次のようにいわれたら、Bさんはなんと返事をしたらよいでしょうか。

「部長の山口をお願いします」

「部長の山口」はへりくだった言い方ですから、この時点で山口部長の家族からではないかということが推測できます。この場合「山口部長はただいま会議中でございます。お急ぎのご用件でしょうか？」などと答えます。相手が名乗らなければ、「ご家族の方でいらっしゃいますか。いつもお世話になっております」と聞いても失礼ではありません。

このように瞬時に人間関係を把握し、言葉を選ぶことで敬語の使い方が上達していきます。

5.4 敬語の種類

● 尊敬語、謙譲語、丁寧語を的確に使い分ける

> 課長、ご指示いただいた書類をお持ちいたしました

敬語には、大きく分けて尊敬語、謙譲語、丁寧語の3種類があります。自分と聞き手、第三者の関係を考慮しながら次のように使い分けます。

● **尊敬語**…主語は自分以外。お客様や上司などの目上の人や社会的地位の高い人を高める言い方
● **謙譲語**…主語は自分や社内の人。自分の言動などを低める（へりくだる）表現をすることにより、聞き手や第三者を高める言い方
● **丁寧語**…言葉を丁寧にすることで相手に敬意を表す言い方

従来から、敬語は日本語の表現の中でさまざまな役割を担ってきました。しかし時代とともに変化し、より的確に使われるように5つに分類されることになりました。5つになったからといって、使い方が変わるわけではありません。まずは基本的な組み立て方や使い方を理解しましょう。

第5章 話し方と敬語の基本

新たな分類の敬語表現

従来の分類	新たな分類	使い方
尊敬語	尊敬語	いらっしゃる、おっしゃる、なさる、読まれる、始められる、ご利用になる、お忙しい、召し上がる　など
謙譲語	謙譲語Ⅰ	伺う、申し上げる、差し上げる、お届けする、ご案内する　など
	謙譲語Ⅱ（丁重語）	参る、いたす、申す、おる、小社、拙著　など
丁寧語	丁寧語	・・・です、・・・ます　など
	美化語	お酒、お料理　など

※新たな分類について

謙譲語Ⅰは、「自分の行為が向かう先の相手を立てる」表現
謙譲語Ⅱ（丁重語）は、「自分が話す相手に対する丁重な」表現
美化語は、ものごとを美化して述べる表現

尊敬語の組み立て方

- お（ご）〜になる
  例　お読みになる、ご利用になる
- 〜（ら）れる
  例　読まれる、利用される
- 言葉そのものが変わる
  例
  行く・来る・いる
  　→いらっしゃる
  言う
  　→おっしゃる
  食べる・飲む
  　→召し上がる
  くれる
  　→くださる
  する
  　→なさる

謙譲語Ⅰの組み立て方

- お（ご）〜になる
  例　お届けする、ご案内する
- お（ご）〜いただく
  例　お読みいただく
- 言葉そのものが変わる
  例
  訪ねる・聞く
  　→伺う
  言う
  　→申し上げる（謙譲語Ⅰ）
  　　申す（謙譲語Ⅱ）
  行く・来る
  　→参る（謙譲語Ⅱ）

5.5 受けとめ方が変わる言葉の使い方

● クッション言葉、あとよし言葉、肯定表現などで相手の受けとめ方は変わる

> 新規取引先を開拓できましたが、時間がかかってしまいました

> そうか、時間がかかったのか…

ビジネスの場面では、お客様や上司に何かをお願いすることもあれば、悪い情報を伝えなければならないこともあります。そこで覚えておきたいのが、次の3つの表現方法です。

● **クッション言葉**…何かをお願いするときなどに使われる

● **あとよし言葉**…悪いことを伝えたいときに、悪いことを先に言って印象を和らげる

● **肯定表現**…否定的な内容を柔らかい表現で言うこれらを使うことで、相手の印象は大きく変わります。伝えたいことを、相手が受け入れやすくなる効果があります。また、気をつけたい言葉として、業界でしか通じない専門用語、聞き慣れない外来語などがあります。これらは印象的な使い方ができればよいのですが、時と場所を考えて適切に使いたいものです。

第5章 話し方と敬語の基本

場面に応じた言葉遣い

お願いする場面 ➡ クッション言葉

「課長、この書類、チェックしてもらえますか？」 ✗

「課長、お忙しいところ恐縮ですが、この書類をチェックしていただけますか？」 ○

アドバイス
クッション言葉は、お願い事をする場合や相手の意に添えない場合に、一言添えるだけで印象が違います。「申し訳ございませんが、（少々お待ちいただけますか？）」「お手数をおかけいたしますが、（ご記入いただけますか？）」などがあります。

良いことと悪いことを伝えたい場面 ➡ あとよし言葉

「新規取引先と契約できたが、時間がかかってしまった」 ✗

「時間はかかったが、新規取引先と契約することができた」 ○

アドバイス
「新規取引先と契約できた」という良いニュースと「時間がかかった」という悪いニュースが混在しています。このようなケースでは、あとに聞いた言葉のほうが印象に残るので、良いことをあとで言うほうが受ける印象がよいのです。

悪いことを伝えたい場面 ➡ 肯定表現

「担当者がおりませんので、できません」 ✗

「担当者がおりませんので、いたしかねます」 ○

アドバイス
「できません」と言われたら、相手は「完全に否定された」と感じるでしょう。同じことを言うにも、「いたしかねます」のほうが柔らかい表現です。さらに、「ご用件を伺って後ほどご連絡させていただいてもよろしいでしょうか？」と提案することができれば、なお好印象です。ほかにも「わかりません➡わかりかねます」などがあります。

5.6 注意したい敬語・言葉遣い

● コンビニ敬語やマニュアル敬語など、妙な言い回しに注意する

> それでは、お名前様をお伺いさせていただきます

「○○でよろしかったでしょうか?」「○○円からお預かりします」。これらはよく耳にしますが、日本語として好ましい表現ではありません。これらはコンビニ敬語とかマニュアル敬語と呼ばれ、違和感を持つ人が多いので、使わないのが無難です。正しくは「○○でよろしいですか?」「○○**円お預かりいたします**」です。敬意を表そうとするあまり、回りくどい言い方になっていることがわかります。

前項のとおり、敬語は相手への敬意のみならず、相手の立場への配慮、親しさの度合いなどさまざまな要素を瞬時に表します。そしてその前提となるのが「相互尊重」という考え方です。上司やお得意様だからといって極端にへりくだったり、尊敬語を重ねればよいというものではありません。よくある間違いに「二重敬語」があります。たとえば「お読みになられる」は「お読みになる」でよいのです。

第5章 話し方と敬語の基本

注意したい敬語・言葉遣い

注意したいケース1：「とんでもございません！」

部　長：「よくやってくれたね。助かったよ」
社　員：「とんでもございません」

アドバイス
「とんでもございません」はよく使われていますが、日本語としては好ましい表現ではありません。そもそも「とんでもない」でひとつの言葉であるのに、「ない」の部分だけを「ございません」に変えるのは無理がある、という考え方です。「とんでもないことです」「とんでもないことでございます」が正しい表現です。

注意したいケース2：「○○の形になります」

お客様：「どれぐらいで入荷しますか？」
社　員：「2週間ほどお待ちいただく形になります」

アドバイス
「○○の形」は、「お待ちいただくことになります」や「お待ちいただいております」のように、相手にとって不都合なことを明言することを避けて、柔らかく表現しているように聞こえます。しかし、この場合の「形」は意味がありません。知らず知らずのうちに使っていることが多いので、注意しましょう。

注意したいケース3：「○○のほう、いただけますか？」

お客様：「では必要なものを教えてください」
社　員：「かしこまりました。メモのほう、
　　　　　　　　　　　　　　　ご用意いただけますか？」

アドバイス
「○○のほう」とは、もともと方向や方角を表す言葉です。ここでは「メモをご用意いただけますか？」とストレートにお願いすることを避けて「メモのほう」と言っていますが、不要な言葉です。相手に配慮するのであれば、「恐れ入りますが、メモのご用意をお願いできますでしょうか？」がふさわしい表現でしょう。

【問題4】

a～cの各文章が説明している表現（クッション言葉、あとよし言葉、肯定表現）を解答欄に記入してください。またそれぞれの例を挙げてください。

a. 否定的な内容をストレートに言わず、柔らかい表現をすること
b. なにかをお願いするときなどの前に使われる言葉
c. 悪いことを伝えたいときに悪いことを先に言って印象を和らげる表現

a		例：
b		例：
c		例：

【問題5】

次の文章の中で、正しい言葉遣いをしているものを2つ選んでください。

①お客様、このペンをお使いになられますか？
②とんでもないことでございます。
③1000円からお預かりいたします。
④メモをご用意いただけますか？
⑤お打ち合わせは○日○時からでよろしかったでしょうか？
⑥2週間ほどお待ちいただく形となります。

第5章 確認テスト

● ビジネスマナー編 ●

【問題1】

次の文章を「ビジネスレベルの言葉遣い」に直してください。

① 「わかりました」→
② 「誰ですか」→
③ 「いいですか」→
④ 「どうでしょう」→
⑤ 「言っておきます」→
⑥ 「それについては」→

【問題2】

敬語の5つの意義を挙げてください。

【問題3】

以下の言葉を尊敬語と謙譲語で表してください。

尊敬語		謙譲語
	来る	
	言う	
	読む	
	食べる	
	する	
	聞く	

●ビジネスマナー編● 第5章 確認テスト 解答

【問題1】
① 「わかりました」→「かしこまりました」「承知いたしました」
② 「誰ですか」→「どなたさまですか」「どちら様でいらっしゃいますか」
③ 「いいですか」→「よろしいですか」
④ 「どうでしょう」→「いかがでしょうか」
⑤ 「言っておきます」→「申し伝えます」
⑥ 「それについては」→「その件につきましては」

[解説]
　職場ではビジネス上の人間関係にふさわしい改まった言葉遣いをします。これらは自然に出てくるようにしたいものです。

【問題2】
1. 相手を敬う気持ちを表す　2. 礼儀・礼節を表す　3. 相手との適正な距離感を表す
4. 自己の品格を示す　5. その場が公的である、というメッセージを表す

[解説]
　社会人として、敬語が使いこなせることは、必須の条件です。

【問題3】

尊敬語		謙譲語
いらっしゃる	来る	参る
おっしゃる	言う	申す
お読みになる	読む	お読みする
召し上がる	食べる	いただく
なさる	する	いたす
お聞きになる	聞く	伺う

[解説]
　従来から、敬語は日本語の表現の中でさまざまな役割を担ってきました。まずは基本的な組み立て方や使い方を理解しましょう。

【問題4】

a	肯定表現	私にはわかりかねます
b	クッション言葉	大変申し訳ございませんが、少々お待ちいただけますか？
c	あとよし言葉	○○さんは、時間はかかるが丁寧な仕事をする人だ

[解説]
　これらの言葉を使うことで、伝えたいことを、相手が受け入れやすくなる効果があります。

【問題5】②、④

[解説]
　正しくは、①お客様、このペンをお使いになりますか？③1000円、お預かりいたします。⑤お打ち合わせは○日○時からでよろしいですか？⑥2週間ほどお待ちいただくことになります。

第6章

電話の受け方・かけ方

6.1 電話応対の心がまえ
6.2 電話を受ける・電話をかける
6.3 電話を取り次ぐ
6.4 伝言メモを必ず取る
6.5 携帯電話のマナー
6.6 クレーム電話を受けたとき
6.7 英語の電話を受けたとき

新社会人のための仕事の基本
ビジネスマナー編

6.1 電話応対の心がまえ

● 電話の印象が会社の印象を決める

> お電話ありがとうございます。〇〇株式会社、〇課の〇〇でございます

　ビジネスでは電子メールでのやりとりが増えてきましたが、電話が重要なビジネスツールであることは間違いありません。電話は取引先とのやりとりの第一歩であり、大きな商談に発展する可能性があります。一方で電話の応対が悪ければ、会社のイメージが悪くなり、クレームにも発展しかねません。

　電話は相手の顔が見えないので、対面のコミュニケーションよりさらに気遣いが必要です。しかし、基本的なルールを覚えて、相手を思いやる気持ちを忘れなければ、決して難しいものではありません。

　積極的に、電話に慣れていただきたいものです。

　会社の代表として、また課や部の代表として行動しているという自覚を持ちましょう。それには電話応対のスキルとともに、自分の会社や業務についても理解を深め、受け答えの準備を十分にしておくことが大切です。

第6章 電話の受け方・かけ方

電話の持つ特徴

- **声だけのコミュニケーションツールである**
→誤解を招かない言葉遣いを選ぶ必要がある。
- **相手の都合がわからない**
→用件を伝える前に「いま、お時間よろしいですか?」と聞く。
- **記録が残らない**
→わざわざ録音をしないかぎり、記録は自分で書き留めたメモのみ。
- **費用がかかる**
→電話代とともに時間というコストがかかっている。
- **1対1のコミュニケーションである**
→自分と相手だけの会話なので、認識のずれを修正する第三者がいない。あいまいな点は必ず確認する。

ここがポイント 電話応対の心がまえと準備

- はっきりとした発音で、早口にならないように話す
- 丁寧な言葉遣いで、手際よく簡潔に対応する
- 重要なことは復唱して確認する
（特に、相手の名前、電話番号、住所、日時、金額など）
- 適当に「はい」「左様でございますか」などとあいづちを打ち、相手にきちんと聞いていることを伝える
- 電話の横に、メモ、筆記用具、社内電話の番号簿などを用意して、いつでも取り出せるようにしておく
- 会社の住所や最寄り駅からの道順など、お客様からよく聞かれることは、覚えておく
- 電話をかけたあと、受けたあとは、報告や連絡を徹底する
- 電話で約束したことは確実に実行する

6.2 電話を受ける・電話をかける

● 受ける側もかける側も最初の数秒で決まる

電話は「声だけのコミュニケーション」であることから、苦手意識を持っている人も少なくありません。しかし、まずは積極的に電話を取ることを心がけましょう。第一印象が重要なのと同様、電話応対も最初の数秒が印象を大きく左右します。最初の印象を良くするために、次の点に留意しましょう。

● 受ける側…早めに取る。3コール以上待たせたら「大変お待たせいたしました」と言う。
● かける側…挨拶のあと、「○○株式会社の○○と申します」と自ら名乗る。

最初の挨拶の口調が暗かったり、早口で相手が会社名を聞き取れないのはマイナスです。また、電話をしているときの姿勢も大切です。相手には見えませんが、**姿勢は口調や言葉遣いに表れる**ものです。背筋を伸ばし、目の前のお客様と接する気持ちで電話の応対をしましょう。

いつもお世話になっております。○課の○○様をお願いいたします

かしこまりました。少くお待ちくださいませ

第6章 電話の受け方・かけ方

電話をかける・受ける

電話をかけるとき

かける前の準備
話す用件を整理する、資料を手元にそろえる、番号を間違えないように電話をかける。

相手の確認
相手が名乗らないときは、「○○会社さまでいらっしゃいますか？」と確認する。

名乗り・取次ぎの依頼・都合の確認
「恐れ入りますが、○○様をお願いいたします」「ただいまお時間よろしいでしょうか」など。

用件を伝える
挨拶は簡単にして、5W2Hの要領で簡潔にわかりやすく話す。

要点の確認・復唱
「もう一度確認させていただきます」などといい、要点を復唱する。

終わりの挨拶
「どうもありがとうございました」「よろしくお願いいたします」などの挨拶で締めくくる。

受話器を置く
基本的にはかけたほうから切るのがマナー。

電話を受けるとき

電話に出る
メモや筆記用具は手元にいつも準備しておく。なるべくコール3回以内に出る。「はい、○○株式会社でございます」と相手が聞き取れるよう、明るくさわやかに話す。

挨拶
「おはようございます」「お電話ありがとうございます」「いつもお世話になっております」などと挨拶する。

用件を聞く
必ずメモを取りながら、用件を聞く。自分で対応できない内容なら、「担当者に代わります」などと対応する。

要点の確認・復唱
「復唱させていただきます」などといって確認する。特に名前、数字などはよく確認する。

終わりの挨拶
「承知いたしました」「かしこまりました」といった用件の受け入れを示し、自分の名前を名乗る。

受話器を置く
相手よりもあとに静かに切る。

6.3 電話を取り次ぐ

● 電話の取り次ぎは、相手の名前と用件を確実に伝える

（吹き出し）田中はただいま外出中でございます。戻りしだいご連絡いたしましょうか？

電話の応対で難しいのは、「電話は自分にかかってくるだけではない」ということです。受けた電話を、かけてきた相手が話したい人物（**名指し人**といいます）に取り次ぐ際、次のようなケースが考えられます。

- 名指し人がすぐに電話に出られる
- 名指し人が不在で取り次げない（外出中など）
- 名指し人はいるが取り次げない（接客中など）

どのようなケースでも大切なことは、「名指し人に確実に用件を伝えること」です。よくない例として、「たらい回し」や相手に同じことを何度も言わせてしまうといったことがあります。これでは、相手に「この職場はコミュニケーションや連絡体制が悪いな」と思われてもしかたがありません。一番初めに電話を受けた人が責任を持って用件を聞き、的確に伝えるようにしましょう。

第6章　電話の受け方・かけ方

電話取り次ぎのポイント

①「お世話になっております」
電話をかけてきた人は、会社にとってなんらかの関係がある人だと思われます。知らない相手であってもビジネス上の挨拶は欠かせません。知っている相手なら「○○です。先日はありがとうございました」などと挨拶します。

②「○○株式会社の○○様でいらっしゃいますね」
相手が名乗ったら、復唱して確認します。相手が会社名しか名乗らなかった場合は、「○○会社様ですね」と確認します。

③「お取り次ぎいたしますので、少々お待ちください」
取り次ぐ際は確実に保留操作を行います。こちらの会話が聞こえてしまうのは、相手に不快な思いをさせるかもしれません。また、保留は長くても30秒程度で済ませたいものです。時間がかかりそうな場合はこちらからかけ直すのも方法です。

④「○○株式会社の○○様から、○○の件でお電話が入っています」
名指し人に取り次ぐときは、相手の会社名と個人名、用件を正確に伝えます。内線番号があれば、それも伝えれば、ほかの電話に出てしまうというミスを防ぐことができます（例「○○の件で内線○番にお電話が入っています」）。

ケース別・電話を取り次げないときの対応

名指し人が外出している場合

外出しているが戻る時間がわかっている場合は「○時には戻る予定でございます。戻りましたらご連絡いたしましょうか？」と提案します。予定がわからない場合は「戻りしだい」とします。ただし、どこに出かけたかは言いません。取引先などを明かしてしまうことになりかねないからです。

名指し人がほかの電話を受けている場合

「ただいま電話中でございます。このままお待ちいただけますでしょうか？」あるいは「ただいま電話中でございます。長くなりそうですので、こちらから折り返しお電話いたします」などと提案します。

名指し人はいるが、相手が名乗らないなど取り次ぐべきか迷う場合

すぐ取り次がず、「確認いたしますので少々お待ちください」と伝えます。

6.4 伝言メモを必ず取る

● 伝言の依頼以外でも、電話が誰からあったかなどのメモは必ず残す

> 課長、○○会社の○○様から電話がありました。
> メモを置いておきましたのでご覧下さい

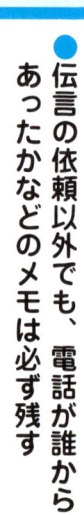

伝言を受ける際は、内容を正確に聞き取るために、次の点に留意します。

- ● 5W2Hで用件を整理してメモする
- ● 内容がわかりにくい場合は確認する
- ● 最後に要点を確認する

しかし、伝言メモを作成して、それを名指し人の机に置けば終わりとはなりません。伝言の内容を名指し人に確実に伝える必要があります。たとえば、「お電話がありました。机の上にメモを置いておきましたのでご覧ください」などと一声かけるとよいでしょう。

また、名指し人が出先からそのまま帰ったり、出張で出かけていることもあります。受けた伝言はその日のうちに伝えましょう。外から連絡があったときに伝言内容を伝えたり、場合によってはこちらから連絡するようにします。

第6章 電話の受け方・かけ方

伝言メモの作成手順

受信時間、相手の会社名、部署名、名前、用件、連絡先など記入すべき内容を整理する(5W2Hで)
→ 見やすいレイアウトを考える
→ 箇条書きで、用件を簡潔にわかりやすくまとめる
→ 作成したメモを、名指し人の机の上の見やすい場所に置く
→ 名指し人に伝言メモがあることを口頭で伝える

伝言メモの例

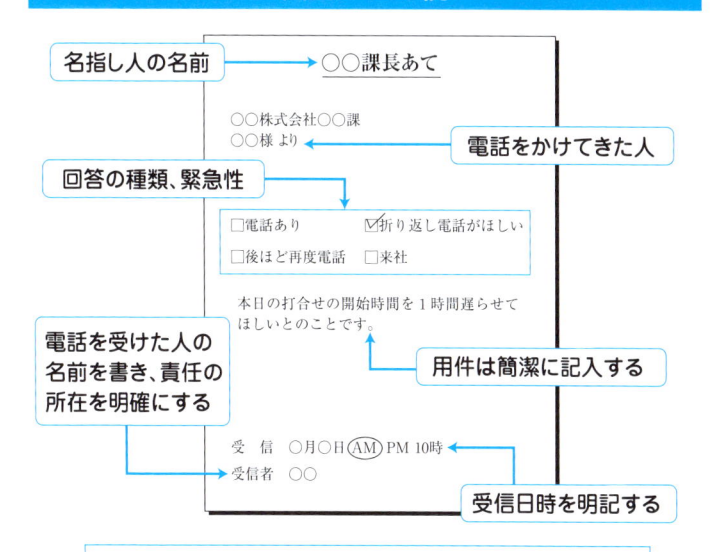

- 名指し人の名前 → ○○課長あて
- 電話をかけてきた人 → ○○株式会社○○課 ○○様 より
- 回答の種類、緊急性 → □電話あり ☑折り返し電話がほしい / □後ほど再度電話 □来社
- 用件は簡潔に記入する → 本日の打合せの開始時間を1時間遅らせてほしいとのことです。
- 受信日時を明記する → 受信 ○月○日 (AM) PM 10時
- 電話を受けた人の名前を書き、責任の所在を明確にする → 受信者 ○○

相手の喜怒哀楽など補足内容を書いておくとよい
（急いでいる様子、お怒りの様子、うれしそうな様子など）

6.5 携帯電話のマナー

●携帯電話は公私のけじめをしっかりつける

携帯電話は手軽で便利なツールです。携帯電話のマナーも固定電話のマナーと基本的には同じです。

しかし、職場においては公私の区別をより意識しておくべきでしょう。たとえば、携帯電話は直接相手にかかりますので、相手の都合にお構いなしに呼び出し音を鳴らせてしまうことになります。だからこそ、相手が出たときには、一方的に用件を話すのではなく「いまお話していてよろしいでしょうか?」と聞く配慮がよりいっそう求められるのです。

また、会社から携帯電話を貸与されることもあります。その場合は、仕事中は必ず電源を入れて、いつでも応答できるようにしておきます。電話に出るときには社名から名乗ります。もちろん、私的な電話をかけることは厳禁です。さらに、携帯電話をかける場所にも配慮する必要があります。特に重要な話をする際は、静かな場所に移動してから話します。

第6章 電話の受け方・かけ方

守りたい！携帯電話のマナー

相手の携帯電話にかけるとき

- 週明けの月曜日の午前中などは何かと慌しいため、できるだけ避けたほうが無難。昼休みの時間を除く午前10時～午後4時ぐらいが望ましい。
- 相手が名乗らないこともあるので、「○○様の携帯電話でよろしいでしょうか？」と確認する。
- 携帯の番号を教えてもらっていても、前もって「携帯にお願いします」と言われているとき以外は、会社に連絡するようにする。
- 相手のいる場所や状況は、オフィスとオフィスで話す以上にわかりにくい。要領よく用件を伝える。

自分の携帯電話を使うとき

- 商談中や会議中は電源を切るか、マナーモードにしておく。
- 商談中や会議中に万が一、携帯電話が鳴ってしまったら、商談相手や周囲の人に詫び、すみやかに電話を切る。
- 用件を整理して、手短に話す。
- 静かなところに移動してからかける。

ビジネス以前の基本マナー

- 自動車の運転中はドライブモードにしておくこと。
- 飛行機内、医療機関、電車の中では電源を切っておくこと。
- 周りのことを考え、声が大きくなりすぎないよう、留意すること。
- 移動中に電話を受けたときには、「移動中ですので、のちほどかけ直させていただきます」と伝えること。
- 会社の情報を大声で話さないこと。
- 人ごみの中や、横断歩道を渡っている場合も、真ん中で立ち止まらず、話をしやすい場所にすみやかに移動すること。

6.6 クレーム電話を受けたとき

> 大変申しわけございませんでした。
> それでは、商品を交換させていただきたいと存じますがいかがでございましょうか?

● クレームの電話はまず謝罪して、相手の言い分を親身になって聞く

ビジネスの場では、クレームや苦情の電話を受けることもあります。いきなり「どうなっているんだ!」などと怒鳴られたら、萎縮してしまうのも仕方ありません。しかし、そのような電話をかけてくるお客様の気持ちを考えてみましょう。怒りやストレスは吐き出してしまうと案外静まるものです。したがって、クレーム電話を受けたら、まずは相手の話をよく聴くことです。

その際、「相手が一番訴えたいことは何か」を考えながら聞きます。聞き終わったら「申し訳ございません」と謝罪を述べます。こちらに非があるかどうかはまだ判断できませんが、お客様に不快な思いをさせたことは間違いありません。お客様の気持ちが落ち着いたところで、対応策を提案します。また、わからないことはあいまいに回答せず、担当部署と協議するなど誠実に対応します。

第6章 電話の受け方・かけ方

クレーム電話の対処法

よくない応対1（謝罪のみ）

お客様「買ってすぐ壊れてしまった！ どうしてくれるんだ！」
応対者「申し訳ございません。なんとお詫びしてよいか、本当に申し訳ございません」
お客様「謝ればいいってもんじゃないだろう！」

よくない応対2（対応策のみ）

お客様「買ってすぐ壊れてしまった！ どうしてくれるんだ！」
応対者「すぐにお取替えいたします」
お客様「すぐにっていつだ？」
応対者「本日中がよろしいですか？」
お客様「そういう問題じゃないだろう！」

よい応対（謝罪→対応策）

お客様「買ってすぐ壊れてしまった！ どうしてくれるんだ！」
応対者「大変申し訳ございません。ご購入いただいてすぐに壊れてしまったということですね。大変ご迷惑をおかけいたしました。商品はすぐに取り替えさせていただきたいと存じます。いかがでしょうか？」
お客様「早急にお願いします！」

クレーム電話の対応NG

- **NG** 電話をたらい回しにして、何度も同じことを聞く。長時間保留にする
- **NG** 相手の言い分を途中でさえぎり、自分の意見を述べる
- **NG** 「申し訳ない」のみを繰り返し、具体的な対応策が提案されない
- **NG** 相手の話を聞かず、いきなり対応策を提案する
- **NG** 言い訳する。反論をする。議論する
- **NG** 感情に対して感情で応じてしまう

6.7 英語の電話を受けたとき

● 英語の電話はあわてず、落ち着いて対応する

英語は普段から使い慣れていないとなかなか話せるものではありませんが、電話を受けた以上は責任を持って対処しなければなりません。それには2つの方法があります。

● 職場で英語が得意な人を把握しておき、代わってもらう

頻繁に英語の電話を受ける環境であれば、だんだん慣れてくるものです。会話の内容もビジネスに関することですから、単語も聞き取れるようになります。

● 取次ぎなどのフレーズを覚えて自分で対応する

英語であっても、基本は「お客様の用件を確実に伺う」ことは同じです。まずはあわてず、得意な人に代わってもらうまでのフレーズを覚えてしまいましょう。次回には自分で用件が聞けるようにチャレンジしてください。

第6章 電話の受け方・かけ方

● 覚えておくと便利！英語での電話応対 ●

電話を取って英語だったとき	Hello, This is ○○company.
ご用件を承ります	How can I help you? Can I help you ?
どちら様でしょうか？	May I ask who is calling? Who's speaking, please ?
少々お待ちください	Hold on, please. Just a moment, please.
英語のできる者に代わります	I'll get someone who speaks English. I'll get you an English speaker.
○○におつなぎします	I'll connect you. with Mr./Ms. ○○
もう一度おっしゃってください	Could you repeat that again ? I beg your pardon ?
名前のスペルを確認させてください	Could you please spell your name ?
ただいま席をはずしております	He/She is not at his/her desk at the moment.
ただいま会議中です	He/She is in a meeting right now.
メッセージを残されますか？	Would you like to leave a message ?
伝言は必ずお伝えします	I'll make sure she/he gets your message.
折り返し電話をすると申しております	He/She says he/she will call you back.
お電話ありがとうございました	Thank you for calling.

```
_____ あて
        株式会社     課
        様     より
 □電話あり    □電話がほしい
 □後ほど電話  □来社



 受信   月 日 AM PM   時
 受信者
```

【問題4】

次のような状況のとき、それぞれどのような対応をしたらよいでしょうか。

a. 携帯電話をかけたが相手が名乗らない。

　　対応　→

b. 商談中に自分の携帯電話が鳴ってしまった。

　　対応　→

c. 移動中に連絡しなければならないことが発生した。

　　対応　→

d. 移動中に取引先から電話を受けた。

　　対応　→

【問題5】

次の記述のうち、「クレーム電話の対処法」として正しいものには○印を、間違っているものには×印をつけてください。

①ひたすら「申し訳ございません」を繰り返した。
②すぐさま上司に取り次ぎ、電話の応対を代わってもらった。
③自分にはわからない内容だったので、担当部署から電話してもらった。
④まずはお客様に迷惑をかけたことに対して謝罪した。
⑤対応策をいくつか示し、お客様に選択していただいた。

●ビジネスマナー編 確認テスト●

第6章 確認テスト

●ビジネスマナー編●

【問題1】

次の記述のうち、電話応対の心がまえとして正しいものには○印を、間違っているものには×印をつけてください。

①短い時間で用件を伝えなければならないので、早口で話す。
②丁寧な言葉遣いで、手際よく対応する。
③重要なことはメモを取り、復唱して確認する。
④あいづちは耳障りなので、あまり打たないように心がける。
⑤相手の状況がわからないので、都合を聞いてから用件を切り出す。

【問題2】

電話を取り次ぐ際のポイントについて、正しいものを2つ選んでください。

①どのような用件でかかってくるかわからないので、まずは相手の一言を待つ。
②相手が名前を名乗ったら、復唱して確認し、名指し人に取り次ぐ。
③保留操作は相手を待たせてしまうので、そのまま対応する。
④名指し人が他の電話を受けているときは、あとからかけ直してもらう。
⑤名指し人が外出しているときは、外出先を伝えてそちらにかけてもらう。
⑥受けた電話の内容を必要な人に確実に連絡する。

【問題3】

あなたは以下のような電話を受けました。どのような伝言メモをつくりますか？

> 山田さん（あなた）はA物産・営業2課の新入社員です。会議中の斎藤部長に、大手取引先のB商事・鈴木部長から午前10時に緊急の電話連絡が入りました。本日（4月15日）の打合せを午後3時から午後2時に変更してほしいということです。斎藤部長に直接電話を取り次ぐことはできません。そこで、メモを斎藤部長に差し入れることにしました。山田さん（あなた）はどのようなメモを作成し、斎藤部長に渡しますか？

●ビジネスマナー編● 第6章 確認テスト 解答

【問題1】①× ②○ ③○ ④× ⑤○

[解説]
①電話では早口は聞き取りにくいので、注意します。④「はい」「さようでございますか」といったあいづちを打たなければ、「話を聞いている」ことを相手に伝えられません。

【問題2】②、⑥

[解説]
①電話を受けたらまずこちらから挨拶し、社名と自分の名前を名乗ります。③相手を待たせるときは「少々お待ちください」といって保留にします。こちらの会話を聞かれてしまうのは感じがよくありません。④名指し人が出られないときには、こちらからかけ直すのが通常の応対です。⑤外出先を教えるのはよくありません。取引先などを知らせてしまうことになります。

【問題3】

斎藤部長 あて
B商事 株式会社　　課
鈴木 様　より
☑電話あり　□電話がほしい
□後ほど電話　□来社
本日の打合せ開始時間を1時間早めて午後2時に変更してほしいとのことです。
YES　NO　後でTELする
受信　4月15日 ㊂ PM　10時
受信者 山田

[解説]
伝言メモは相手の状況を鑑み、確実に用件を伝えるようにします。

【問題4】
a.「○○様の携帯電話でよろしいでしょうか？」と確認する
b. 商談の相手に詫び、すみやかに電話を切る
c. 静かな場所に移動してからかける
d.「移動中ですので、後ほどこちらからおかけいたします」と言って切る

[解説]
携帯電話のマナーは固定電話のマナーと基本的には同じです。職場においては公私の区別をより意識しましょう。

【問題5】①× ②× ③× ④○ ⑤○

[解説]
①「申し訳ございません」だけでなく、具体的な改善策を提案しなければなりません。②まずはお客様の申し出を自分で聞き、対処できないと思ったら上司に代わってもらいます。③こちらから担当部署に連絡して、お客様に電話してもらうよう手配します。

第7章

来客の応対のしかた

7.1 受付での応対のしかた
7.2 接客の基本
7.3 案内のしかた
7.4 エレベータでのマナー
7.5 応接室でのマナー
7.6 お茶の出し方
7.7 お見送りのマナー

新社会人のための仕事の基本
ビジネスマナー編

7.1 受付での応対のしかた

●誰に対しても親切丁寧な応対を心がける

> いらっしゃいませ。いつもお世話になっております！

お客様が来社した際には、まずは**明るく笑顔**で応対したいものです。受付専任でなくても、お客様をお迎えする機会はたくさんあります。また、お客様にとっては、「初めて会った社員」の印象がその会社の印象になるのです。社員全員が受付の気持ちで応対したいものです。

来社されるお客様は、アポなしのセールスの人から、大切な取引先の重役まで実にさまざまです。来客によって対応を変えるのではなく、**誰に対しても親切で丁寧な応対**を心がけましょう。受付を置かず、内線電話を使って直接担当者を呼び出すような場合も、お客様に気づいたら、積極的に「いらっしゃいませ」と声をかけましょう。お客様に気づきながら、声をかけないのは、お客様を無視しているのと同じです。特に入り口近くに自分のデスクがある場合は、気配りが必要です。

第7章 来客の応対のしかた

受付での応対フロー

① お客様と視線を合わせて「いらっしゃいませ」と笑顔で挨拶し、おじぎをする。

② 名刺を受け取るときは、会釈して、両手で受け取り「○○会社、○○様でいらっしゃいますね」と確認する。

③ 「いつもお世話になっております」と挨拶する。

アポイントのないお客様への対応

④ 「失礼ですが、どのようなご用件でしょうか?」と確認する。

⑤ 「担当者に確認いたします」と取り次ぐことを伝える。

⑥ 担当者と会える場合は「お待たせいたしました」。会えない場合は「誠に申し訳ございませんが、あいにく担当者は外出しておりまして」などと理由を述べて丁重に断る。

アポイントのあるお客様への対応

④ 「お待ちしておりました」と挨拶をする。

⑤ 「○○会社○○様がおみえになりました」と来客を伝える。

⑥ 案内する場合は「お待たせいたしました。ご案内いたします」など、またお客様に直接行っていただく場合は、「エレベータで○階にお上がりください」などと案内する。

ここがポイント ケース別受付のマナー

来客が重なった場合
→先着順に応対し、それぞれの来客に「大変お待たせいたしました」と声をかける。この一言が大切。

書類の受け渡しを依頼された
→「○部の○○宛てでございますね」と届け先、書類の内容を確認する。

飛び込みセールスを断りたい
→「大変申し訳ございませんが、こうしたご用件はお断りするよう申しつかっておりますので」と、丁重にきっぱり断る。

7.2 接客の基本

● 「受付・接客7大用語」を用いて、訪問への感謝を心を込めて伝える

受付やお客様と接する際の基本的な心構えは「わざわざご来社いただき、ありがとうございます」ということです。この気持ちを表す言葉遣いとして、次ページの**「受付・接客7大用語」**は自然に言えるようにしたいものです。接客時は、次の項目を常に心がけながら、お客様とやりとりをしましょう。

- **相手の用件や来社の目的を把握する**
- **なるべくお客様をお待たせしない**
- **親切に、明るく、思いやりのある態度で接する**
- **お客様の様子をみながら、気配りをする**
- **お客様の服装、地位、親密度によって態度を変えない**

これらのどの項目を忘れても、お客様を気持ちよくお迎えすることはできません。お客様への感謝の気持ちを持ちつつ、自然に振る舞えるのが理想です。

第7章 来客の応対のしかた

受付・接客の7大用語

① 感謝…「ありがとうございます」
② 承諾…「かしこまりました」
③ 歓迎…「いらっしゃいませ」
④ お待たせする…「少々お待ちいただけますでしょうか?」
⑤ お待たせした…「大変お待たせいたしました」
⑥ 恐縮…「恐れ入ります」
⑦ お詫び…「大変申し訳ございません」

接客のマナー:NG集

お客様をジロジロ見る
見られるほうは気持ちのよいものではありません。「ご用件を承っておりますでしょうか?」など一声かけましょう。

事務的な対応をする
無愛想な対応はその人だけでなく、担当者や会社に対するイメージまで損ないかねません。笑顔で「いらっしゃいませ」が基本です。

座ったまま対応する、ほかの作業をしながら応対する
大変失礼な行為です。お客様が目に入ってきたら、こちらから出向いて声をかけます。

無視して同僚と話を続ける
どんなに大切な議論をしていたとしても、お客様がいらっしゃったら、目の前のお客様が最優先です。話をやめて、どちらかが応対します。

対応が落ち着かない
「こちらでお待ちください」「○○へお上がりください」など、方針がコロコロ変わるようでは、お客様は落ち着きません。「歓迎されていない」と思われる方もいらっしゃるでしょう。

7.3 案内のしかた

● お客様にわずらわしい思いをさせない配慮が必要

応接室にご案内させていただきます

受付から来客の知らせがあったら、受付までお客様を出迎えに行きます。まずは、お客様に応接室など行き先を伝えてから案内します。案内する場所が受付から近ければ問題ありませんが、違うフロアに案内したり、オフィスの奥まった場所に案内することもあります。お客様にわずらわしい思いをさせない配慮が大切です。

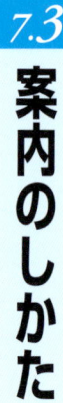

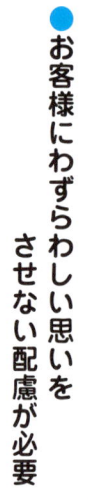

案内は次のように行います。

● **廊下では、お客様に中央を歩いてもらい、自分は2・3歩斜め前を歩く**
● **方向を示す場合は、手のひらをやや上に向けて指し示す**

お客様をお通しする場所を事前に点検しておくことも大切です。机や椅子が乱れていたり、前の来客で使った茶碗などが残っているのは気持ちがよいものではありません。

第7章 来客の応対のしかた

場所別・案内の仕方

廊下での案内

「お持ちいたしましょうか」

「こちらでございます」

荷物は進んでお持ちします。

高齢のお客様には歩調を合わせます。

階段での案内

お客様には手すりがある側を歩いていただきます。

階段を上る際は、お客様には数段上を歩いていただきます。

階段を下りる際は、先にお客様の数段下を歩きます。

外国のお客様がいらしたら・・・

目の前のお客様を無視するわけにいきませんので、なんとか案内します。「どういうご用件でしょうか？」は「May I help you?」と聞いてみます。相手が言っていることがわからなければ書いてもらうのも手です。用件がわかれば「I see.Just a moment,please.」（わかりました。少々お待ちください）と言って、待っていただき、担当者に取り次ぎます。

7.4 エレベータでのマナー

●エレベータの乗り降りは お客様を先に

エレベータを利用する際は、基本的に、乗るときも降りるときもお客様が先です。お客様が乗るまでドアを押さえるか「開」ボタンを押しておき、案内する人は最後に乗って操作パネルの前に立ちます。あるいは、「お先に失礼いたします」や「前を失礼いたします」と一言添えてから自らが先に乗り、ボタンを押して乗っていただくのを待ちます。お客様にスムーズに乗っていただくための配慮です。

エレベータに乗り込んだら、お客様に背を向けないよう少し身体を斜めに向けておきます。お客様は奥にご案内します。操作パネルの前が末席となるので、案内する人は、できるだけ操作パネルの前に立つようにします。パネルが右にある場合は、右奥が一番上席になります。エレベータから降りるときも、お客様が先となります。扉が閉まらないようにドアを押さえるか、「開」ボタンを押しておきます。

第7章 来客の応対のしかた

エレベータ内でのマナー

エレベータの中では操作パネルの前に立ち、お客様に背を向けないようにします。

エレベータの中にも席次があります。お客様はなるべく奥に案内します。

エレベーター内の席次

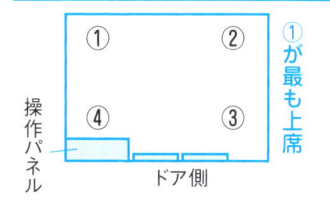

	①	②	
操作パネル	④	③	①が最も上席
	ドア側		

エレベーター内はお静かに！

エレベータの中は自社の人に限らず、さまざまな人が乗り降りします。うっかり仕事の話をしていて、秘密事項を外部に漏らしてしまったら大変です。**エレベータ内は沈黙を守るのが原則です。**

ここがポイント こんなときどうする？

ほかのお客様が乗ってきた

黙って会釈をします。自分が操作パネルの前にいたら、引き続き操作を行います。

自分の用事がある上司が乗ってきた

目の前のお客様の案内が最優先です。上司との立ち話は厳禁です。

7.5 応接室でのマナー

● 応接室へお通ししたら、席次に配慮する

「担当者が参りますので、少々お待ちください」

お客様を応接室に案内する際も一定のルールがあります。すべてはお客様への配慮から生まれたもので、一連の動作がスムーズにできるようにします。

まず、応接室の前まで来たらいったん立ち止まり、「こちらです」と伝えます。ドアが外開きの場合は、ノックをしてからドアを開き、「どうぞお入りください」とお客様に先に入室していただきます。内開きの場合には、「お先に失礼いたします」と先に中に入り、ドアを押さえて「どうぞお入りください」と招き入れます。

お客様が入室されたら、ドアに向いて静かに閉めます。応接室に入ったら、「どうぞこちらへお掛けください」と、お客様を上座へ案内します。お客様が着席したら、「担当者が参りますので、少々お待ちください」と声をかけてから退室します。その際、「失礼いたします」と丁寧におじぎをします。

第7章 来客の応対のしかた

応接室への案内

①応接室前

ドアをノックし、中に人がいないか、散らかっていないかを確認してからお客様をお通しします。

②ドアの開閉

ドアを大きく開いて、「どうぞ、お入りください」と中を指し示し、先に入室していただきます。

「お先に失礼いたします」と先に入室し、ドアを押さえてお客様に入室していただきます。

③退室

お客様に上座をお勧めします。「**すぐに担当者が参りますので、少々お待ちください**」と声をかけます。退室したら、すぐに担当者に来客があった旨を伝えます。お客様をなるべく待たせないよう、迅速に対応します。

座席の順序

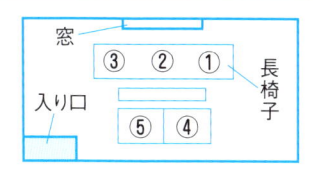

窓に近く、入り口から遠い席が上席になりますので、お客様にはその席に案内します。遠慮して手前の席に座られたら、奥の長椅子に座っていただくよう促します。

7.6 お茶の出し方

●お客様が先、次いで社内の人は役職順

お茶を出すことで大切なのは、「お客様に気持ちよく過ごしていただきたい」というもてなしの心です。基本的なマナーを頭に入れたうえで、もてなしの心を持って行動できるとよいでしょう。

来客が待つ部屋に入るときは、ノックをして、「失礼します」と言っておじぎをして入ります。入退室の挨拶はしっかり行いましょう。部屋に入ったら、テーブルの端にお盆を置き、茶托に乗せた茶碗を順番に供します。最も注意しなければならないのは、お茶を出す順番です。お客様に先から出し、社内の人は役職順に出します。お茶は両手で、相手の右側から出すのが基本です。片手で出すときは、「片手で失礼します」と一言添えましょう。また、テーブルに書類などが置いてある場合は空いたスペースを見つけて、「こちらに失礼します」と断ってから置きます。

（吹き出し）失礼いたします

第7章 来客の応対のしかた

お茶を出す手順

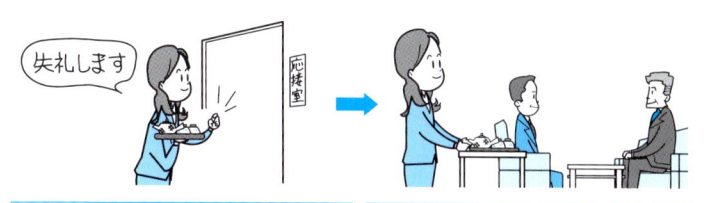

入室するときは、ノックして、「失礼します」と言ってから入ります。

挨拶や名刺交換がひと通り終わったあたりが一番よいタイミング。

お茶は必ず両手で差し出します。

役職の高い順から置きますが、ばらばらに座っている場合は最も上座から順番に出していきます。

お茶を運び終えたら、お盆は脇に抱え「失礼いたしました」と言って退室します。

ここがポイント お茶だし前のチェック

- [ ] 茶碗は絵柄をお客様に向ける。茶碗の中に絵柄がある場合は、お客様に絵柄が見えるように置く。

- [ ] 茶碗に蓋があるときは、茶碗の絵柄と蓋の絵柄を合わせる。

- [ ] 社員にもお客様と同じ茶托と茶碗で出す。

- [ ] お茶とお菓子がある場合は、お菓子を先に左側に置き、その後お茶を右側に置く。

- [ ] コーヒー・紅茶は、受け皿の上にカップとスプーンをのせて出す。カップは、持ち手が左、スプーンは持ち手を右にしてカップの手前に置く。砂糖・ミルクは、受け皿にのせるか別にして出す。

- [ ] ジュース類は、コースターを置いてその上にのせる。ストローは、個別の袋に入ったものを使うとよい。

7.7 お見送りのマナー

● 終わりよければすべてよし。敬意を持って見送る

「本日はわざわざお越しいただきまして、ありがとうございました」

面談が終わったら、「本日はお越しいただきまして、ありがとうございました」とお礼を述べます。お客様に気持ちよくお帰りいただくために、最後まで気を抜かずに対応しましょう。見送りはお客様に対して、「来社していただいた感謝の気持ちと敬意」を表すものです。挨拶とおじぎで丁重にお見送りします。

よほど込み入った話でもないかぎり、面談は30分から1時間程度で終了します。用件が済んだら、内容を互いに確認し、「今後ともよろしくお願いします」といった挨拶で締めくくります。部屋で挨拶したあとは、お客様との関係にもよりますが、エレベータホールか玄関まで見送ります。もちろん、玄関までお見送りするほうがより丁寧です。また、お帰りと思われるお客様に廊下などですれ違った際は「ありがとうございました」と声をかけます。

第7章 来客の応対のしかた

お見送りまでの手順

①面談のまとめ
お互いの用件が済んだところで、話の内容をまとめて確認しあい、後日の約束の日時、連絡方法などを確認する。

例:「それでは、次回は○月○日ですね。よろしくお願いいたします」

②面談終了の挨拶
来社してくださったことへの感謝を述べる。

例:「本日はご足労をおかけして、申し訳ありませんでした」

③見送り場所へ送る
エレベータホールか、玄関までお送りする。

例:「本日はありがとうございました。お気をつけてお帰りください」

ここがポイント ケース別・お見送りのポイント

①部屋の外
入り口で、「こちらで失礼いたします。本日はありがとうございました」と謝意を述べる。

②エレベータ前
お客様がエレベータに乗り込み、ドアが閉まるときに再度おじぎをして、ドアが閉まるまでそのままの姿勢でいる。

③車寄せ(玄関)
お客様が車に乗り込む前に、再度挨拶とおじぎをして、車が発車してもしばらく見送る。

【問題3】

お客様をご案内するとき、次の場面ではどのような行動をとったらよいか説明してください。

①廊下を案内する
→ (　　　　　　　　　　　　　　　　　　　　　　　　　　　　)

②階段を上がる
→ (　　　　　　　　　　　　　　　　　　　　　　　　　　　　)

③エレベータに乗る
→ (　　　　　　　　　　　　　　　　　　　　　　　　　　　　)

④階段を下りる
→ (　　　　　　　　　　　　　　　　　　　　　　　　　　　　)

【問題4】

次の応接室の場合、上座から順番に番号をつけてください。

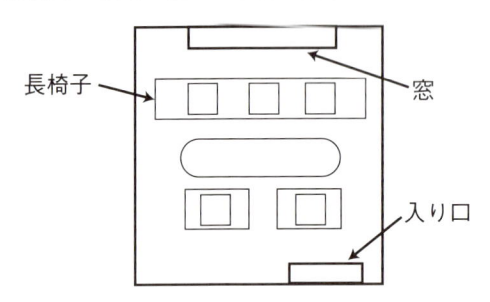

（長椅子／窓／入り口 の配置図）

【問題5】

お見送りのマナーについて、次の文章の中から間違っているものを1つ選んでください。

①同じ会社の営業所（支店）の人との面談だったので、応接室の前で失礼した。
②お客様をエレベータホールまで案内して、「お気をつけて」と言って失礼した。
③お客様を玄関までお送りして、車が発車してからしばらく見送っていた。

第7章 確認テスト

● ビジネスマナー編 ●

【問題1】

次は受付でのお客様とのやりとりの場面です。応対者の言葉として適切なものを語群から選択してください。

応対者　「　　a　　」
お客様　「○○株式会社の伊藤と申します」
応対者　「　　b　　」
お客様　「営業1課の田中部長とお約束しております」
応対者　「　　c　　」
　　＜田中部長に連絡を入れる＞
応対者　「　　d　　」
お客様　「そうですか」
応対者　「　　e　　」

〔語群〕
①いつもお世話になっております　　　②かしこまりました
③田中部長がおりていらっしゃいます　　④ありがとうございます
⑤ソファにおかけになってお待ちください　⑥申し訳ございません
⑦田中はすぐに参るそうです　　　　　　⑧いらっしゃいませ

【問題2】

接客における次の記述のうち、正しい行動には○印を、間違った行動には×印をつけてください。

①見たことのないお客様だったので、「ご用件を承っておりますか」と声をかけた。
②忙しかったので、席から動かず大きな声で「どちらに御用ですか」と声をかけた。
③打ち合わせをしていたので、お客様に待っていただいた。
④応接室がふさがっていたので、もう一度、受付前のソファに戻っていただいた。
⑤山田部長に来客があったが、「大変申し訳ございませんが、会議が長引いておりますので、少々お待ちいただけますでしょうか」とお詫びした。

●ビジネスマナー編● 第7章 確認テスト 解答

【問題1】 a.⑧　b.①　c.②　d.⑦　e.⑤
[解説]
　来客によって対応を変えるのではなく、だれに対しても親切で丁寧な応対を心がけましょう。

【問題2】 ①○　②×　③×　④×　⑤○
[解説]
　②お客様にお声をかける際は、席から立ち、近づいてお声をかけます。③社内の打ち合わせであれば、お客様をお待たせしないほうが優先です。④お客様にあちこち移動していただくのは失礼です。準備を整えておきましょう。

【問題3】
①お客様に中央を歩いてもらい、自分は2、3歩斜め前を歩く
②お客様には手すり側の数段上を歩いていただく
③お客様が乗るまでドアを押さえるか「開」ボタンを押しておき、応対者は最後に乗って操作パネルの前に立つ
④お客様より数段下を歩く。お客様には手すり側の数段上を歩いていただく
[解説]
　お客様を案内する際は、お客様にわずらわしい思いをさせない配慮が大切です。

【問題4】

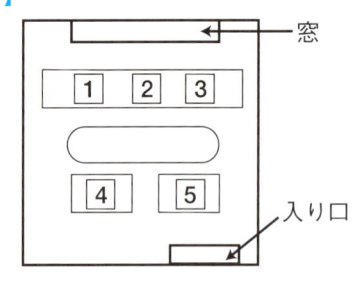

```
┌─────────────────┐
│         ←       │── 窓
│                 │
│  [1] [2] [3]    │
│                 │
│   ⎛       ⎞     │
│   ⎝       ⎠     │
│                 │
│    [4] [5]      │
│                 │── 入り口
│            ↙    │
└─────────────────┘
```

[解説]
　窓に近く、入り口から遠い席が上席になります。

【問題5】 ②
[解説]
　エレベータホールまで見送る際は、お客様がエレベータに乗り込み、ドアが閉まるときに再度おじぎをして、ドアが閉まるまでそのままの姿勢でいます。

第8章

訪問のしかた

8.1 訪問の基本マナー
8.2 名刺交換のマナー
8.3 上司を取引先等に紹介する場合
8.4 面談の進め方
8.5 面談後に行うべきこと
8.6 出張の準備

新社会人のための仕事の基本
ビジネスマナー編

8.1 訪問の基本マナー

● 他社を訪問する際は必ずアポイントをとる

それでは、○月○日の○時ではいかがでしょうか？

取引先の会社に訪問する際は、必ずアポイントメントをとってから訪問するのがマナーです。突然の訪問は相手に迷惑ですし、相手が不在であれば時間のムダになりかねません。訪問時には次の事項にも注意します。

● 早朝、深夜、昼休みや休日などの訪問は避ける
● 名刺や資料は必ず持っていく
● 約束の時間を守る（遅刻しない）

しかしながら、まず考慮すべきは、「その用件は訪問する必要があるか」ということです。電話やメールで済むことであればそれでいいわけですし、訪問するということはお互いの時間を費やすことになりますから、必然性がなければなりません。ただし、直接会って話をすることで難しい問題が意外にスムーズに解決したり、他社の人と話をすることでビジネスのアイデアが浮かぶこともあります。

第8章 訪問のしかた

スムーズなアポイントのとり方

①所在地の確認
先方への訪問を希望する際は所在地を確認しておく。

②面談を希望する相手に電話をする
自分から名乗り、挨拶をする。

③面談の希望を伝える
面談の目的、用件を伝え、相手の都合を聞く。

④日時の調整
希望の日時と希望所要時間を伝え、相手の都合と調整を図る。

⑤約束の確認
面談の目的、日時、場所を確認。内線番号なども聞いておく。

⑥お礼と挨拶
約束を確認したら、時間を頂くことへのお礼と挨拶を述べる。

アポイントの3つのポイント

Point1 訪問の目的
→挨拶、打ち合わせ、担当者引継ぎなど訪問の目的を明確に伝える。

Point2 日時
→原則として相手の都合に合わせる。2,3の日程や時間帯を提示し、相手に選択してもらうとスムーズ。

Point3 所要時間
→面談を依頼する側がその内容に応じて希望時間を伝える。通常は1時間程度が目安。時間がかかりそうな内容である場合は、その旨を伝える。

ここがポイント 面談準備チェックリスト

- [ ] 面談に必要な資料を作成し、出席者より2,3部多めに用意する
- [ ] 初回訪問時は相手の会社のことを調べておく。会社のホームページなどで会社概要や経営理念を頭に入れておく。取引履歴があればそれも確認しておく
- [ ] 訪問先までの移動手段や所要時間を確認する
- [ ] 訪問前日に相手に電話を入れて、変更などがないか確認しておく
- [ ] 訪問時間などに変更が生じた場合は速やかに連絡し、お詫びをして改めて日程を調整してもらう
- [ ] 当日は約束時間の15分前に現地到着できるよう、余裕を持って出かける

8.2 名刺交換のマナー

● 名刺は本人の分身と思って大切に扱う

はじめまして、○○株式会社の○○と申します

頂戴します

　ビジネスの場では、初対面の場合、名刺交換からコミュニケーションがスタートします。訪問した際は、自分の名前や会社名を名乗り、自分から名刺を差し出します。名刺は自分の分身であると同時に、相手から受け取った名刺は相手の分身でもあります。**名刺が汚れていたり、角が折れているなどは相手に失礼**です。また、いただいた名刺を落としてしまったり、雑に扱うのは相手に敬意を持って接していないのと同じです。扱いには十分注意しましょう。

　名刺は名刺入れに入れて携帯しますが、よくあるのが、自分の名刺をうっかり切らしてしまうことです。名刺交換となってから名刺切れに気づくのは相手の信用をなくすばかりか、ビジネスチャンスも失いかねません。「名刺を切らしておりまして」と素直にお詫びし、あとで一筆添えて郵送します。なお、相手の名刺は受け取ります。

第8章 訪問のしかた

名刺交換のしかた

名刺の出し方

①名刺の渡し方
名前を相手が読める向きにして渡す。訪問した側から差し出す。

②同時に交換する
右手で自分の名刺を差し出し、左手で相手の名刺を受け取る。

名刺の受け方

「頂戴します」

名刺を渡されたら両手で「頂戴します」と言って受け取る。文字に指がかからないように持つ。

交換したあとの扱い

名刺はすぐしまわずに、机の上に置く。複数の人と交換した場合は、席順のとおりに置いてもよい。

名刺のマナー・NG集

NG 名刺交換の際にもたもたして相手を待たせる（あちこち探すなど）
スマートではありません。名刺を入れておく場所は決めておきましょう。

NG お尻のポケットから名刺を出す
自分の分身をお尻にしくのはいかがなものでしょう？ 名刺入れは、男性は胸ポケット、女性はかばんに入れておきます。

NG 名刺にその場でメモ書きする
これは大変失礼な行為です。会社に戻ってから、いただいた日付、印象などを書き込んで整理しておくのがよいでしょう。

8.3 上司を取引先等に紹介する場合

● 上司を相手に紹介した後、相手を上司に紹介する

「こちらが、私どもの部長の○○でございます」

ビジネスにおける人間関係は紹介から始まります。紹介したり、されたりすることは人間関係を広げ、仕事に大きく役立ちます。

たとえば、他社を訪問する際、自分ひとりではなく上司などと一緒に行くことがあります。上司を取引先の人に引き合わせるときには、**まず自分の上司を上司に紹介**します。**上司を紹介したあとで、取引先の人を上司に紹介**します。紹介者は上司と取引先の人の真ん中に立ち、手のひらを上に向けて(お客様をご案内するときの動作に似ている)紹介する人を指し、社名、役職名、氏名を丁寧に伝えます。

紹介の順序を知らないということは、自分が恥ずかしい思いをするだけでなく、相手に対して失礼となります。また、紹介の順序により訪問側の役職の高さや人間関係をさりげなく相手に伝えることができます。紹介の順序にも深い意味があるのです。

第8章 訪問のしかた

ケース別・紹介の原則

原則1 社内の人を社外の人へ
社内の人は身内と考え、いくら役職が高くても先に紹介します。

原則2 目下・年下の人を目上・年上の人へ
歴然とした上下関係がある場合は、年齢よりも地位を優先させます。

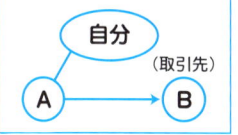

原則3 紹介を頼んだ人を紹介される人へ
紹介をお願いされた場合は、紹介を依頼した人を先に紹介します。

原則4 親しい人を親しくない人へ
紹介する人にとって親しい人を先に紹介し、次に面識のない人を紹介します。

1　両者の間に立ち、社内・目下・紹介を頼んだ人・親しい人（A）を取引先（B）に紹介する。

```
    自分
        （取引先）
 A ───→ B
```

2　次は、Bの人をAに紹介する。

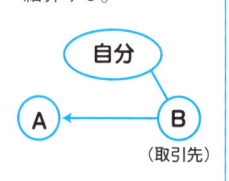

```
    自分
 A ←─── B
        （取引先）
```

ここがポイント こんなときどうする？

お世話になっている取引先に上司を引き合わせる

自分の上司を「ご紹介させていただきます。私どもの部長の○○でございます」と紹介する。次に取引先の人を「部長、こちらがいつもお世話になっている、○○課長です」と紹介する。

取引先の人に他社の人を紹介する

紹介を頼んだ人を先に紹介する。「○○部長、こちらが○○物産の○○課長でいらっしゃいます」と、両者に対して敬語を使う。

自分が紹介された場合

「はじめまして、○○株式会社の○○と申します」と挨拶する。双方の紹介が終わったら、名刺を交換する。

8.4 面談の進め方

● 面談では
タイミングよく用件を切り出す

> 早速ですが、本日は○○の用件で伺いました

訪問先の会社に到着した瞬間から、「面談は始まっている」という緊張感を持って臨みましょう。受付の人、すれ違う社員はみな、部外者であるあなたのことをチェックしていると思ってください。

コートやマフラーなどはビルや事務所に入る前に脱ぎ、身だしなみを整えてから到着の連絡をします。受付では、自分の会社名と氏名、約束の時間、どの部署の誰に会いに来たのかを伝えます。待つようにいわれたら静かに待ちます。

面談が始まったら、挨拶のあと「本日は○○の件で伺いました」と訪問の目的を述べてから、本題に入ります。その際、要領よく、順序立てて話しましょう。初めての面談の場合は緊張をほぐし、お互いを知るために適度な雑談をします。しかしここで盛り上がりすぎないことです。お互いの時間を有効に使うためにも、タイミングよく用件を切り出します。

第8章 訪問のしかた

面談の進め方と心構え

1 面談前の心構え
面談の目的や時間を確認する。自分は会社を代表して来ているのだという気持ちを忘れない。一方的に話さず、相手の話を「聴く」ことを心がける。

2 前置き
緊張をほぐすため、適度な雑談をする。ただし、政治や宗教、競合他社の悪口や噂話は厳禁。季節や当日のニュースで取り上げられている話題などが無難。

3 用件の切り出し
適当なところで雑談を切り上げ、「早速ですが、資料をお持ちしました」などといって用件に入る。資料は相手が読める向きにして差し出す。

4 本題
話はわかりやすく、簡潔にまとめ、説明の際は略語や専門用語の多用は避ける。「御社（相手の会社）」「当社（自分の会社）」は的確に使い分ける。相手が話している間は話の腰を折らず、一段落したところで質問する。話の要点はメモし、特に固有名詞や数字に注意する。不明な点はその場で確認する。

5 面談の切り上げ
約束した時間内に面談が終わるよう、時間には気を配りながら話す。予定の時間がきたら、一応区切りをつける。お互いに都合がよいなら延長してもかまわないが、あくまで相手の都合に合わせる。終了前に面談の要点を確認する。そのあと、挨拶を済ませ、今日のお礼を述べてすみやかに退出する。

ここがポイント こんなときどうする？

即答できない質問を受けた
「後ほどご連絡いたします」「社に帰って担当部門と相談したうえで回答させていただきます」と伝える。あいまいな返事や安請け合いはトラブルの元。

無口な人との面談
相手が答えやすい質問をしながら話を進める。押し付け口調にならないように注意する。

相手が年長者や職位が上の人
聞き役に回るよう心がける。敬語や言葉遣いに留意する。

8.5 面談後に行うべきこと

● 面談後のフォローが次の商談への第一歩

面談を無事に終えたら、すぐに帰社します。まずは面談の内容と結果、今後の見通しなどについて上司に口頭で報告します。**初回の面談の相手に対しては、面談のお礼をします。** 手紙によるのが正式ですが、メールや電話でもよいでしょう。これは後々まで人間関係をスムーズにする配慮です。礼状やお礼のメールを受け取って迷惑だと思う人はいませんし、「丁寧な人」と好印象を持たれるでしょう。

社内での対応も欠かせません。面談で決まった内容を関係部署へ連絡したり、依頼事の手配をするなど必要な処理を行います。また、返事を保留にしてきた問題については上司に相談する、あるいは担当者に聞くなどして、できるだけ早く先方に回答します。面談後のフォローは、今後のビジネスにも影響します。継続的なビジネスに発展させようという気持ちで行いましょう。

第8章 訪問のしかた

面談後の仕事あれこれ

面談後の仕事・その1　上司への報告

上司に面談の結果、面談の経過や今後の見通し、商談の雰囲気、相手の態度などを報告します。以下は面談後の報告のポイントです。

① 帰社したらすぐ、上司に聞かれる前に自分から出向いて報告する
② 失敗や悪い事項も隠さず報告する
③ 保留事項や検討事項は上司に相談し、
　 結論を出してから先方に連絡する
④ 資料があれば見せて、指示どおりファイルしておく
⑤ 詳細な報告は報告書として提出する（目安は2日以内）

面談後の仕事・その2　お礼状を書く

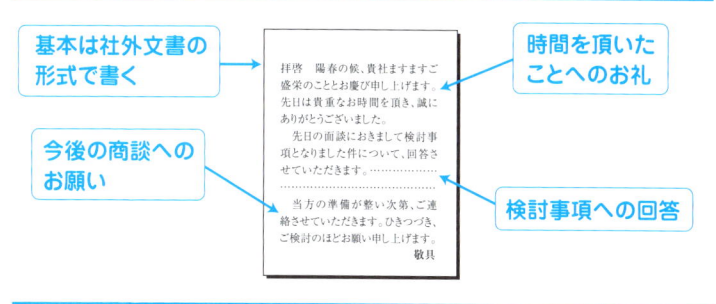

基本は社外文書の形式で書く

時間を頂いたことへのお礼

　拝啓　陽春の候、貴社ますますご盛栄のこととお慶び申し上げます。
　先日は貴重なお時間を頂き、誠にありがとうございました。
　先日の面談におきまして検討事項となりました件について、回答させていただきます。…………
………………………………………
　当方の準備が整い次第、ご連絡させていただきます。ひきつづき、ご検討のほどお願い申し上げます。
　　　　　　　　　　　　　　敬具

今後の商談へのお願い

検討事項への回答

面談後の仕事・その3　仕事の完結を見届ける

① 商品の納品、サービスの提供などを行う
　お客様の希望する日時、方法などを打ち合わせておき、確実に実行する。納期遅れ、商品違い、数量不足などは信用を失う元、チェックにチェックを重ねる。

② お客様へのフォローアップ
　適切なタイミングで商品を使った感想、サービスを受けた感想などを伺う。継続的なビジネスに欠かせない。また次のビジネスのヒントとなるかもしれない。

③ 代金が支払われて仕事は完了する
　お客様から代金をいただいて、取引が終了となる。

8.6 出張の準備

● 出張は事前準備を綿密に行い、目的・日程・予算などを上司に報告する

> 課長、これから新幹線に乗って〇〇会社に行ってまいります

出張が決まったら、まず、訪問の目的、スケジュール、予算などをまとめた出張申請書を上司に提出し、許可を得ます。上司に同行して出張する場合もあるでしょうが、その場合は上司の指示に従って準備を整えます。

次に訪問先の相手と事前に十分な打ち合わせを行い、出張先での仕事の進め方や必要な書類を準備します。このとき、出張が十分に生かされるような下調べが必要です。訪問する企業の情報、面談相手の役職や業務内容は必ず頭に入れておきましょう。

出張中の連絡先や不在時の業務対応は、関係部署や同僚に連絡しておきます。出張中は業務の進行具合をこまめに報告します。

帰ってきたら、上司に挨拶をし、簡単な報告をします。旅費などの精算は早めに済ませ、出張報告書の作成に取りかかります。

第8章 訪問のしかた

ケース別・出張のポイント

日帰り出張
自宅から直接出かけ、直接自宅に帰ることになる場合もあります。朝は電車に乗る前、帰りは現地から会社に報告を入れ、出張の経過や成果などを伝えます。

宿泊出張
資料に目を通すなどして、移動時間を有効に使いましょう。自分で判断できない事態が起きたら、上司に必ず連絡・相談します。くれぐれもはめをはずしすぎないように。

海外出張
飛行機の時間などは長くて疲れます。どう過ごすかを考えておきます。観光ではなく、仕事のための旅であることを忘れずに。公私のけじめをしっかりつけましょう。

出張前のチェックポイント

事前準備	携行品
上司に説明し、承認されたか	名刺・手帳
出張申請書は提出したか	資料類
出張先との連絡は済ませたか	筆記用具
スケジュール表を作成したか	地図
関係部署などに連絡したか	時刻表
出張旅費を申請したか	切符
必要書類は準備したか	着替え
不在時のフォローをお願いしたか	洗面用具

ここがポイント　出張をめぐるあれこれ

お土産を買ってくるべきか？
基本的に必要ありませんが、部門内のコミュニケーションを図る目的で、お小遣い程度で買える菓子などの名品をお土産にすると喜ばれるものです。

飲食代が予算を超えてしまった！
1日に使える予算は会社で決めているはずです。それを超えた場合は自費で補うのが常識です。

【問題4】

次の各文章は、面談における留意点を説明しています。該当する言葉を語群から選んでください。

a. 話はわかりやすく簡潔にまとめ、説明の際は略語や専門用語の多用は避ける。
b. 終了前に面談の要点を確認する。そのあと挨拶を済ませ、今日のお礼を述べてすみやかに退出する。
c. 自分は会社を代表して来ているのだという気持ちを忘れない。
d. 「資料をお持ちしました」などと言って用件に入る。
e. 緊張をほぐすため、季節や当日のニュースで取り上げられている話題など適度な雑談をする。

〔語群〕
①面談前の心構え　②用件の切り出し　③前置き
④本題　⑤面談の切り上げ

【問題5】

面談終了後の上司への報告についての記述のうち、正しいものには○印を、誤っているものには×印をつけてください。

① 上司から聞かれたので、面談の詳細を報告した。
② 失敗や悪い事項はひとまずおいておき、良い事項だけを報告した。
③ 保留事項や検討事項は上司に相談し、結論を出してから先方に連絡した。
④ 資料を先方からもらったので、上司に見せて、指示どおりファイルした。
⑤ 詳細な報告を報告書としてまとめ、1週間後に提出した。

第8章 確認テスト

● ビジネスマナー編 ●

【問題1】

次の文章は面談のアポイントをとる手順です。正しい手順に従って番号を並べ替えてください。

① 面談を希望する相手に電話をする
② お礼と挨拶
③ 日時の調整
④ 所在地の確認
⑤ 約束の確認
⑥ 面談の希望を伝える

【問題2】

名刺交換のマナーについて、正しいものを3つ選んでください。

① 名刺は相手が読める向きにして渡す。
② 名刺は訪問を受けた側から差し出す。
③ 名刺を同時に交換するときは、右手で自分の名刺を差し出し、左手で相手の名刺を受け取る。
④ 名刺を渡されたときは、「頂戴します」と言って片手で受け取る。
⑤ 名刺はすぐしまわずに、机の上に置く。
⑥ 名刺はすぐに取り出せるよう、お尻のポケットに入れておく。
⑦ その場で聞いた携帯電話番号を、相手の名刺にメモする。

【問題3】

紹介の順序について、以下の例に従って説明してください。

社内・社外	(例)社内の人を身内と考え、先に社内の人を社外の人に紹介する。
年齢・上下関係	
紹介を頼んだ側、される側	
親しい・親しくない	

●ビジネスマナー編● **第8章 確認テスト 解答**

【問題1】④→①→⑥→③→⑤→②
[解説]
　取引先の会社に訪問する際は、必ずアポイトメントをとってから訪問するのがマナーです。

【問題2】①、③、⑤
[解説]
　②名刺は訪問を願い出た側から差し出します。④名刺は同時に交換するのでなければ、必ず両手で受け取ります。⑥名刺は自分の分身です。お尻のポケットに入れておいてそこから出すのは丁寧でなく、相手にも失礼です。⑦名刺にその場でメモをするのは失礼です。帰社後に書き込むのはかまいません。

【問題3】

年齢・上下関係	目下・年下の人を目上・年上の人へ紹介する
紹介を頼んだ側、される側	紹介をお願いされた場合は、紹介を依頼した人を先に紹介する
親しい・親しくない	紹介する人にとって親しい人を先に紹介し、次に面識のない人を紹介する

[解説]
　紹介の順序を知らないということは、自分が恥ずかしい思いをするだけでなく、相手に対して失礼となります。

【問題4】a.④　b.⑤　c.①　d.②　e.③
[解説]
　訪問先の会社に到着した瞬間から、「面談は始まっている」という緊張感を持って臨みたいものです。

【問題5】①×　②×　③○　④○　⑤×
[解説]
　①面談の報告は終了後、上司に聞かれる前に自分から報告します。②失敗や悪い事項ほど早く報告します。⑤面談終了後の報告書は、遅くとも3日以内、なるべく早くに提出します。

第9章

ビジネス文書の基本

9.1 ビジネス文書の種類
9.2 社内文書の基本的な書き方
9.3 社外文書の基本的な書き方
9.4 封書・葉書の書き方
9.5 ファックス・eメールの送り方

新社会人のための仕事の基本
ビジネスマナー編

9.1 ビジネス文書の種類

● ビジネス文書は社内文書と社外文書に分類できる

> 部長、プロジェクトの報告書を作成したのでご確認ください

> 事実を正確に、結論を先に、まとめるのが原則だよ

　会社では、日々さまざまな文書が作成され、やりとりされています。打ち合わせの連絡、会議の議事録、報告書、企画書、お礼状、挨拶状などなど。なぜそんなにたくさんの文書があるかといえば、「**情報を正確に共有し、伝達するため**」です。会社の仕事は多くの人が関わっていますから、正確に早く伝えるためには文書が適しているからです。

　ビジネス文書はやりとりの相手によって、「**社内文書**」と「**社外文書**」に分けられます。社内での仕事を円滑に、かつ効率的に進めていくための文書が社内文書です。身内が読む文書ですから、儀礼的な挨拶などは必要ありません。

　一方、社外文書は会社を代表した文書ですから、挨拶やフォーム（書式）を整えなければ、会社として恥をかくことになりかねません。両者の違いを踏まえて、作成しましょう。

第9章 ビジネス文書の基本

社内文書と社外文書

社内文書
- 報告書
- 稟議書
- 提案書/企画書
- 通知書/案内書/回覧書/掲示書
- 議事録
- 依頼書/照会書/回答書
- 始末書/理由書/進退伺

社外文書
- 挨拶状/お祝い状
- 招待状/案内状
- 通知状
- 依頼状/お礼状
- 注文状/取消し・訂正状/問合せ・確認状
- 交渉状/承諾状/断り状
- 抗議状/お詫び状

ここがポイント わかりやすい文章を書くコツ!!

①ひとつの文章を短く
→余計な修飾語をつけない。一文は40〜50字、長くても60字をめどに区切って書く。

②ひとつの文章にはひとつの内容
→書くべきことが複数ある場合は、内容ごとにひとつの文章(ワンセンテンス)にまとめる。

③主部と述部の対応に気をつける
→ひとつの文章は、ひとつの主部とひとつの述部で完結する。また、自分で読み返して確認する。

9.2 社内文書の基本的な書き方

● 用件を正確に、5W2Hでチェックしてムダなく伝える

> えーっと、日時と場所、そして議題を忘れずに入れておかないと

前項のとおり、社内文書にもいろいろな種類があります。しかし、基本的に社内文書は「情報を正確に伝達すること」が最も重要な事項です。そのためには次の要素を満たしていることが求められます。

● **的確でわかりやすい表現で書く**
● **事実を5W2H**（いつ、どこで、だれが、なにを、なぜ、どのように、いくらであるいはいくつ、どうした）**で整理して書く**
● **結論→原因や経過→**（必要があれば）**自分の意見の順番で書く**

また、修飾語などを多用せず、誤解を招かない簡潔な文章を心がけましょう。社内であっても、課や部を代表して多くの関係者に配布される場合があります。誤字や脱字がないか、内容が間違っていないかなどを、最終的に、上司などにチェックしてもらうとよいでしょう。

第9章 ビジネス文書の基本

社内文書の基本フォーム

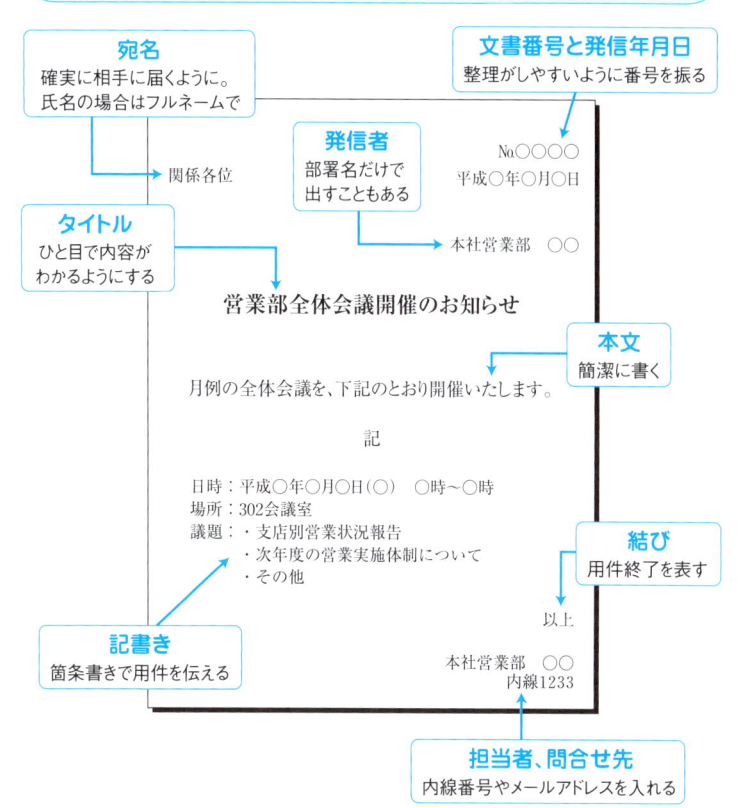

宛名
確実に相手に届くように。
氏名の場合はフルネームで

文書番号と発信年月日
整理がしやすいように番号を振る

発信者
部署名だけで出すこともある

タイトル
ひと目で内容がわかるようにする

本文
簡潔に書く

記書き
箇条書きで用件を伝える

結び
用件終了を表す

担当者、問合せ先
内線番号やメールアドレスを入れる

関係各位

No.○○○○
平成○年○月○日

本社営業部　○○

営業部全体会議開催のお知らせ

月例の全体会議を、下記のとおり開催いたします。

記

日時：平成○年○月○日（○）　○時〜○時
場所：302会議室
議題：・支店別営業状況報告
　　　・次年度の営業実施体制について
　　　・その他

以上

本社営業部　○○
内線1233

ここがポイント 社内文書作成のポイント!!

① フォームが決まっているものはそれに従う

② 簡潔にわかりやすく書く

③ 儀礼的な文章や形式的な挨拶は書かない

9.3 社外文書の基本的な書き方

● 社外文書は会社を代表するつもりで書く

社外文書と社内文書は、形式の上で大きく異なるわけではありません。「必要な用件を正確に伝える」という点は同じです。両者の大きく違う点は、社外文書は**「相手に失礼のないよう、礼儀正しい文章で書く」**ということです。社内文書では「簡潔に伝えること」が重要でしたが、社外文書ではそれと同じぐらい**「格調高いこと」**が求められます。

そのため、「拝啓」「前略」などの頭語や「敬具」「草々」などの結語を入れたり、時候の挨拶、感謝の言葉などを添えます。もちろん敬語がきちんと使われていることも重要です。

社外文書は個人として書くのではなく、**会社を代表して書くという心がまえが必要**です。だからといって、必要以上に格式ばる必要はありません。社外文書の決まりごとはたくさんありますが、基本は「要点を正確に礼儀正しく書く」ことです。

（吹き出し）
- 日程を調整して、できるだけ参加させてもらうよ
- 会場案内図と出欠のハガキを同封しております。ご査収のほど、お願いいたします

第9章 ビジネス文書の基本

社外文書の基本フォーム

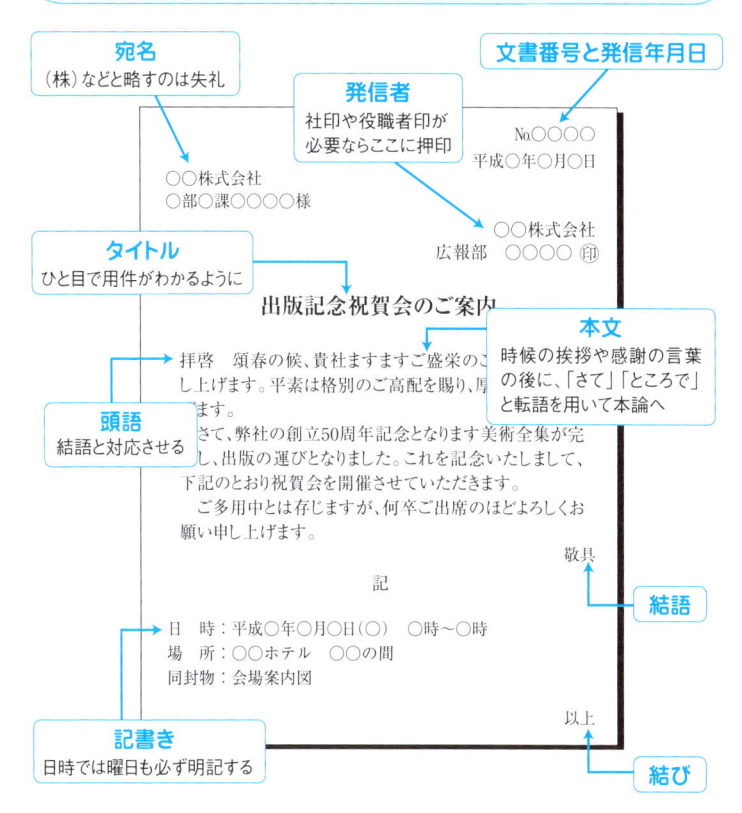

宛名
(株)などと略すのは失礼

発信者
社印や役職者印が必要ならここに押印

文書番号と発信年月日

```
                                    No.○○○○
                                    平成○年○月○日

○○株式会社
○部○課○○○○様
                                    ○○株式会社
                                    広報部　○○○○　㊞

            出版記念祝賀会のご案内

  拝啓　頌春の候、貴社ますますご盛栄のこ
  し上げます。平素は格別のご配慮を賜り、厚
  ます。
  　さて、弊社の創立50周年記念となります美術全集が完
  し、出版の運びとなりました。これを記念いたしまして、
  下記のとおり祝賀会を開催させていただきます。
  　ご多用中とは存じますが、何卒ご出席のほどよろしくお
  願い申し上げます。
                                          敬具

                    記

  日　時：平成○年○月○日(○)　○時～○時
  場　所：○○ホテル　○○の間
  同封物：会場案内図


                                          以上
```

タイトル
ひと目で用件がわかるように

本文
時候の挨拶や感謝の言葉の後に、「さて」「ところで」と転語を用いて本論へ

頭語
結語と対応させる

結語

記書き
日時では曜日も必ず明記する

結び

ここがポイント　社外文書の作成ポイント!!

①会社を代表するつもりで格調高く書く

②儀礼的な挨拶や季節の挨拶にもパターンがある

③誤字脱字はもってのほか。何人かでチェックする

9.4 封書・葉書の書き方

● 封書や葉書は見た目のバランスも大切

招待状や案内状は通常、封書に入れて相手に送ります。封書の表書きの印象を決めるのは、文字自体の美しさもありますが、住所と宛名のバランスなども調和が取れていると印象がよくなります。封書や葉書を書く際は、次の点に留意しましょう。

- 株式会社を㈱と略さない。また、株式会社○○なのか、○○株式会社なのか、確認する。
- 敬称は相手によって使い分ける。会社や部署宛てに出す場合は「御中」、個人宛てに出す場合は「様」、相手が複数いる場合は「各位」とする。
- 封はのりでする。合わせ目に「〆」と記す。
- 葉書の書き方は社外文書の書き方に準じる。
- 出欠をとりたい場合は、返信用の葉書を同封する。
- 相手に関連する箇所は尊敬表現（ご芳名など）で、差し出す側については謙譲表現（〜行など）で書く。

「住所を間違えたけど、修正液で消して直しておいたからいいでしょ」 NG

第9章 ビジネス文書の基本

封書・返信葉書の書き方

封書の書き方

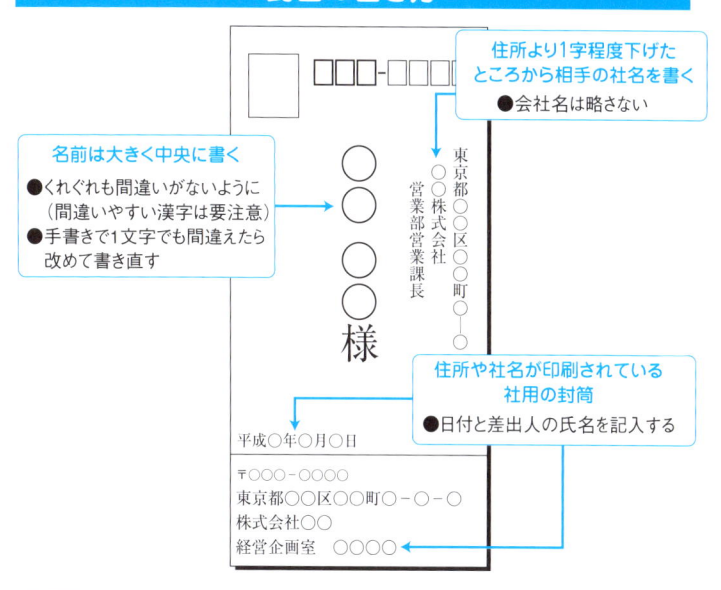

住所より1字程度下げたところから相手の社名を書く
- 会社名は略さない

宛名面:
- 〒□□□-□□□□
- 東京都○○区○○町○○
- 株式会社○○
- 営業部営業課長
- ○○○○様

名前は大きく中央に書く
- くれぐれも間違いがないように（間違いやすい漢字は要注意）
- 手書きで1文字でも間違えたら改めて書き直す

住所や社名が印刷されている社用の封筒
- 日付と差出人の氏名を記入する

- 平成○年○月○日
- 〒○○○-○○○○
- 東京都○○区○○町○-○-○
- 株式会社○○
- 経営企画室　○○○○

返信葉書の書き方

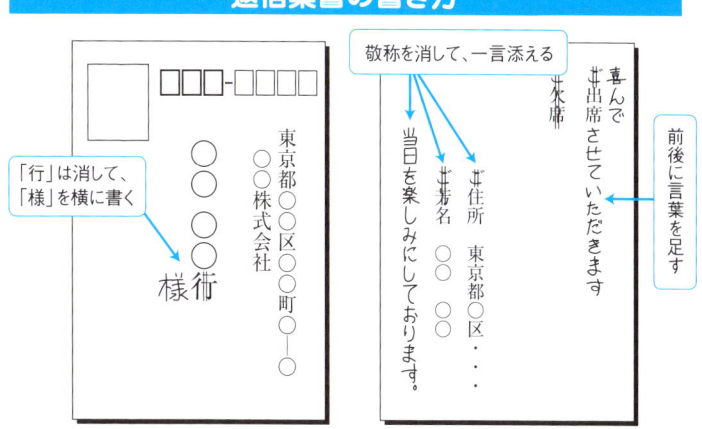

「行」は消して、「様」を横に書く

宛名面:
- 〒□□□-□□□□
- 東京都○○区○○町○-○
- 株式会社
- ○○○○様（行を消して様）

敬称を消して、一言添える

裏面:
- 喜んで出席させていただきます
- ご出席／ご欠席
- ご住所　東京都○区・・・
- ご芳名　○○○○
- 当日を楽しみにしております。

前後に言葉を足す

9.5 ファックス・eメールの送り方

● ファックスやメールの送信は番号やアドレスを十分確認してから送る

NG　20枚以上あるけど、早いからファックスで送っちゃえ！

　報告書や提案書などの社内文書は、ワープロで作成し、データをeメールに添付して提出する、としている会社が増えてきました。ファックスやeメールは、文書と比較すると簡単に相手に用件を伝えられる手段と思われがちです。しかし、ビジネスのやりとりである以上、その形式はビジネス文書に準じます。そして、送信する相手との関係性や用件に応じて、文書、ファックス、eメールを使い分けなければなりません。

　文書とファックスやeメールが大きく違う点は、必ずしも受信すべき人だけが見るのではないということです。たとえばファックスは、第三者が受け取って受信者に渡すことが多々あります。このことを前提として最もふさわしい手段を選択してください。また受信者の所属部署や名前、メールアドレスは間違えないように注意しなければなりません。

第9章　ビジネス文書の基本

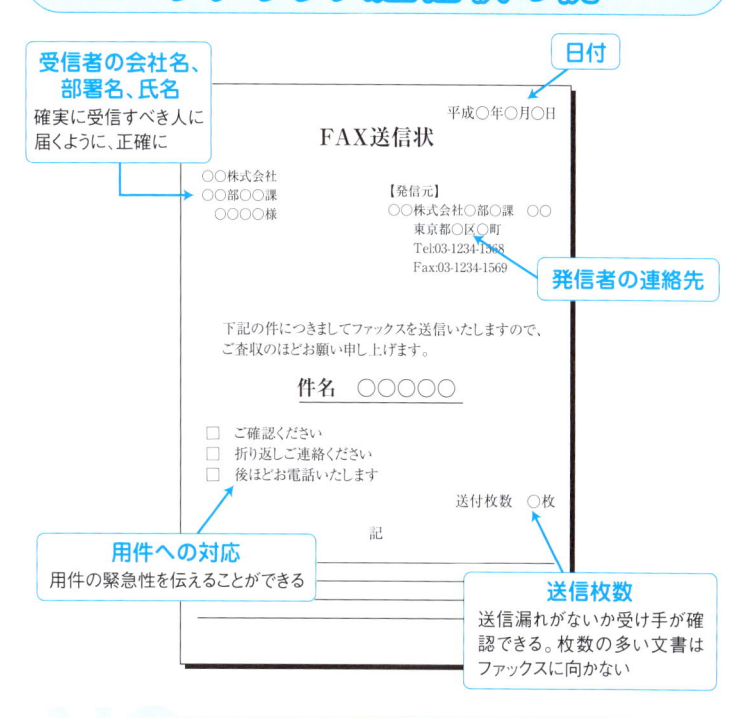

ファックス送信状の例

受信者の会社名、部署名、氏名
確実に受信すべき人に届くように、正確に

日付

```
                                    平成○年○月○日
            FAX送信状

○○株式会社
○○部○○課              【発信元】
○○○○様                 ○○株式会社○部○課　○○
                        東京都○区○町
                        Tel:03-1234-1568
                        Fax:03-1234-1569
```

発信者の連絡先

下記の件につきましてファックスを送信いたしますので、
ご査収のほどお願い申し上げます。

　　　　件名　　○○○○○

□　ご確認ください
□　折り返しご連絡ください
□　後ほどお電話いたします

　　　　　　　　　　　　　　　　送付枚数　○枚

　　　　　　　　　記

用件への対応
用件の緊急性を伝えることができる

送信枚数
送信漏れがないか受け手が確認できる。枚数の多い文書はファックスに向かない

ファックス・eメールのNG!!

❌ 重要な文書を送らない
会社の機密情報を漏らしてしまうかもしれない。

❌ 緊急性の高い用件の連絡はしない
相手はいつ読むかわからない（すぐに読むとは限らない）。

❌ 大量の書類（eメールの場合は容量の重いもの）を送らない
回線を独占してしまうかもしれない。受け取る側は大迷惑。

【問題2】

ビジネス文書を作成するうえでの留意点について、正しいものを3つ選んでください。

①ビジネス文書は、ひと目で内容が推測できるよう、タイトルを工夫する。
②社外文書では、用件が終わったところで、「以上」と書いて結ぶ。
③社内文書では、発信者の名前と所属部署を記載する。
④社外文書では、季節の挨拶など儀礼的な文章が添えられる。
⑤ビジネス文書では、箇条書きは失礼になるのでしない。
⑥ビジネス文書は、誤字脱字がないか自分でチェックしてから出す。

【問題3】

次の場合につける正しい敬称を記入してください。

①会社や部署宛てに出す場合　→（　　　　　）
②個人宛てに出す場合　　　　→（　　　　　）
③相手が複数いる場合　　　　→（　　　　　）

【問題4】

封書や葉書、ファックスを送る際の行動で、間違っているものを2つ選んでください。

①スペースがあまりないので、株式会社は㈱と略して書く。
②葉書の書き方は社外文書の書き方に準じる。
③出欠をとりたい場合は、返信用の葉書を同封する。
④相手に関連する箇所は謙譲表現で、差し出す側については尊敬表現で書く。
⑤緊急性の高い要件の連絡は、ファックスは利用しない。
⑥相手の迷惑になるので、ファックスで大量の書類を送らない。

第9章 確認テスト

●ビジネスマナー編●

【問題1】

次の文章を読んで、以下の社外文書を完成させてください。

> 佐藤由香は（株）現代出版の広報部に勤務しています。いまからちょうど1ヶ月後の7月19日から1週間、美術全集の出版を記念して開催される展覧会の準備に追われています。出版にあたってお世話になった（株）フォトマスターズの写真家・永井純子氏に、展覧会の案内、無料招待券2枚および展覧会が開催される銀座ギャラリーの地図を送ります。展覧会の開催は午前11時から午後5時までです。

[　　　　　　　　　]　様　　　　　　[　　　　　]
　　　　　　　　　　　　　　　　　　[　　　　　]

　　　　　　[　　　　　　　　　]のお知らせ

[　　　　]向暑の候、ますますご清栄のこと
お慶び申し上げます。
平素は格別のご芳情を賜り厚く御礼申し上げます。
　さて、この度貴社のご協力により、『21世紀・美術全集』が
完成し、無事出版することができました。つきましては、下記
のとおり展覧会を開催する運びとなりましたので、ご多忙中とは
存じますが、是非ご来場賜りますようお願い申し上げます。

　　　　　　　　　　記　　　　　　　　　[　　　　]

会　期：[　　　　　　　　　　]
時　間：[　　　　　　　　　　]
会　場：銀座ギャラリー
同封物：[　　　　　　　　　　]

● ビジネスマナー編 ● **第9章 確認テスト 解答**

【問題1】

```
                              平成○年6月19日
株式会社フォトマスターズ
  永井純子 様            株式会社現代出版
                         広報部 佐藤由香

           展覧会 のお知らせ

 拝啓 向暑の候、ますますご清栄のこととお慶び申
し上げます。平素は格別のご芳情を賜り厚く御礼申し
上げます。
  さて、この度貴社のご協力により、『21世紀・美術全集』が
完成し、無事出版することができました。つきましては、下記の
とおり展覧会を開催する運びとなりましたので、ご多忙中とは
存じますが、是非ご来場賜りますようお願い申し上げます。
                                   敬具
              記

会 期： 平成○年7月19日(○)から25日(○)

時 間： 午前11時から午後5時まで

会 場： 銀座ギャラリー

同封物： 招待券2枚、銀座ギャラリー地図
```

[解説]

社外文書では、相手に失礼のないよう、礼儀正しい文章で書くことが求められます。会社を代表するつもりで格調高く書くことがポイントです。

【問題2】①、③、④

[解説]

②社外文書は「拝啓・敬具」など頭語と結語で対応させます。⑤箇条書きは失礼ではありません。「記」として重要な事項を箇条書きにする形式は多用されています。⑥誤字脱字は作成した本人は見つけにくいものです。必ず上司などにチェックしてもらってから出すようにします。

【問題3】①御中　②様　③各位

[解説]

封書の表書きの印象を決めるのは、文字自体の美しさもありますが、住所と宛名のバランスも重要です。

【問題4】①、④

[解説]

社外に出す文書や宛名は「株式会社」を(株)と省略しません。また、相手に関連する箇所は尊敬表現で、差し出す側については謙譲表現で書きます。

第10章

接待・会食・冠婚葬祭のマナー

10.1 接待の場でのマナー
10.2 会食のマナー
10.3 贈答のマナー
10.4 慶事のマナー
10.5 弔事のマナー

新社会人のための仕事の基本
ビジネスマナー編

10.1 接待の場でのマナー

● 接待は信頼関係を構築するために行う

> 自分が楽しむのではなく、相手を楽しませる

ビジネスにおいては相手との信頼関係が基盤となります。仕事を通じて信頼関係は構築されていくものですが、そこは人間同士です。飲食をともにすることで、お互いをよく知り、信頼関係を一気に深めようというのが接待の目的です。

間違えてはならないのは、接待の席がただ飲んだり食べたりする場ではないということです。あくまでビジネスの一環です。「日ごろお世話になっている感謝を表す」「商談をスムーズに進展させたい」といった目的が必ずありますので、それを考慮した振る舞いをすべきです。大切なのは「**相手にいかに喜んでもらうか**」という一点に尽きます。

特に若い社員には、場を盛り上げる明るい雰囲気づくりと料理や飲み物を切らさないといった気配りが要求されます。自分が楽しむのではなく、相手を楽しませることに徹してください。

第10章 接待・会食・冠婚葬祭のマナー

接待の準備フロー

1　人選
接待する相手を決定し、こちら側の担当者を人選する。担当者以外に、接待する相手と同格以上の役職者から招待することとする。

2　日程調整
候補の日程をいくつか挙げて、相手と調整を図る。相手の都合を優先させることが原則。

3　予算と会社の承認
接待相手の役職、双方の参加人数から予算を算出して上司に報告し、会社からの承認を得る。

4　場所の確保
接待相手にふさわしい場所、料理の候補を挙げて検討する。場所を絞り込んだら下見をして、良い店を予約する。

5　連絡
参加者全員に日時、会場、双方の参加者の名前と役職を伝える。前日には、念のため確認の連絡を入れる（参加者とお店）。

接待の場でのNG

サービスしすぎて終電になってしまった！
お互い次の日は仕事かもしれません。程ほどのところで切り上げるのがマナーです。時間をかければよいというものではありません。

お酒を無理やり勧める
体質的にお酒を飲めない人もいます。接待はお酒を飲ませることが目的ではありません。「空のグラスがない」ことだけが気配りではないのです。

自分が酔っ払ってしまった！
自分が酔っ払ってしまっては相手を楽しませることはできませんし、マナーを守ることも難しくなるでしょう。緊張すると、いつもより酔いが回りやすいこともあります。限界いっぱいには飲まないことです。

仕事のお願いをする
接待の場で直接仕事の話をするのは、その場を白けさせてしまいます。

10.2 会食のマナー

● 会食では、席次は重要な要素

（イラストのセリフ）
- うん、そうだね
- 先方の部長の席は床の間側の真ん中になりますね？

接待の場では飲食が伴います。ということは、それぞれの食事に合ったマナーを身につけておく必要があります。また、相手の好みや人数、交通の便のよい場所を選定するといった配慮も欠かせません。

会場に着いたら、席次に注意します。席次は参加者の職位を表します。これを間違えると大変失礼です。席順は上司の指示に従いましょう。**接待される側が上座、接待する側は下座**に座ります。幹事と若手の社員は入り口に近い席に座ります。

せっかくの料理もお酒も、相手の機嫌を損ねては楽しめませんので、席次などの基本的な約束事には十分注意します。どの席が上席かは会食のタイプによって違いがあるので次ページを参照してください。料理や飲み物が出たら、早めに「どうぞ」と声をかけます。「話す」と「食べる」をバランスよくしながら、和やかな雰囲気になるよう配慮します。

第10章 接待・会食・冠婚葬祭のマナー

会食でのマナー

和食の席（正式の場の例）

- おしぼりは手先を拭くもの。顔などは拭かない。
- 背筋を伸ばして座る。
- 箸は箸置きに置く。器にはかけない。
- 箸の上げ下ろしは両手を使う。
- 器は重ねない（高価な器を傷つけないよう）。
- 器は手に取ったら元の位置に戻す。

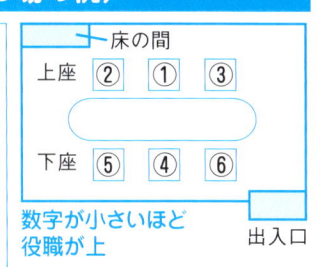

```
        ┌─床の間
上座  ②  ①  ③
         (      )
下座  ⑤  ④  ⑥
                   出入口
```
数字が小さいほど役職が上

洋食の席（正式の場の例）

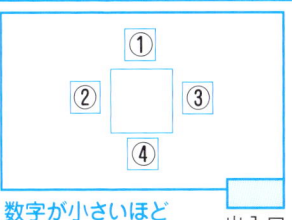

```
      ①
   ②    ③
      ④
              出入口
```
数字が小さいほど役職が上

- ナイフ、フォークは外側から順に使う。
- 料理は一口大に切って口に運ぶ。
- スープは音を立てない。
- 食べるペースをほかの人に合わせる。
- 手を休めるときはナイフ、フォークを八の字に置き、終わったときは2本を斜めにそろえて置く。

覚えておきたい！ その他のマナー

- 中華料理の円卓は時計回りにまわす。
- 中華料理では皿や椀は手に持たず、テーブルの上に置いたまま食べる。
- 立食パーティでは身軽に動けるよう、荷物はクロークに預ける。
- 立食パーティでは、料理は食べられる分だけ取る。
- 立食パーティでは食べることに夢中にならず、いろいろな人と歓談し、会話を楽しむ。会話はほかの人の邪魔になるようなテーブル前ではしない。
- たばこは原則として慎む。
- お酌はするほうも受けるほうも両手でする。
- ビールはラベルのついた側を上にしてつぐ。

10.3 贈答のマナー

● 贈り物は相手に喜ばれることを第一に考える

> 今度先輩が結婚するんだ

> みんなでお金を出し合って、記念品を贈ろうよ

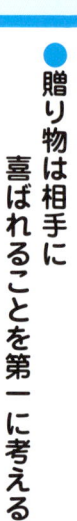

　会社の上司や同僚などに結婚、出産、新築などめでたい出来事（慶事）があった場合、自分との関係や親しさに応じて贈り物をすることがあります。上司や同僚が昇進や栄転するときも、金品を贈るかパーティを開催するなどしてお祝いします。品物を贈るときはなるべく相手の希望を聞いてから選びますが、お祝金のほうが歓迎されることもあります。

　一方、上司や同僚に不幸があった場合、葬儀に参列することがあります。その際、香典を用意します。

　また、同じ職場の人が病気や火事、災害に遭ったときもお見舞い（金品）を贈ります。

　ところで、自分が祝儀・不祝儀・見舞いなどをいただいたときのお返しですが、送り主や金額などによって異なります。香典返しや快気祝いでは、いただいた金額の半額くらいを目安にお返しします。ただし、災害見舞いや栄転祝いのお返しは不要です。

第10章 接待・会食・冠婚葬祭のマナー

機会別・贈答の留意点

御中元・御歳暮
最近では店舗から直接配送してもらうのが一般的だが、本来は持参して挨拶すべきもの。配送の場合は挨拶状を同封してもらう。

御中元…7月初旬〜7月中旬　　　御歳暮…12月初旬〜12月下旬

出産祝い
出産直後のお見舞いは避け、お祝いを贈るのは、お七夜を過ぎてから1ヶ月くらいのうちに。訪問するときは、母子の健康状態や都合を聞いてからにする。

新築・開店祝い
新築のお祝いにはインテリア小物や置物、開店のお祝いには生花や祝い酒などが一般的。どちらの場合も、火事を連想させるものは避ける。

病気見舞い
病状により本人が食べられないものもあるため、家族に状況を確認してから見舞いの品を選ぶ。花の場合は、鉢植えは「根付く（寝付く）」ということで嫌われるため、切り花を選ぶ。

覚えておきたい! お返しとお礼のマナー

お返しが必要な場合

結婚披露宴に招待しなかったがお祝いをもらった
→「内祝い」の表書きで、半返しを目安に品物を贈る。

香典をもらった
→四十九日の忌明けに、挨拶状とともに半返しから3分の1程度を返す。

入院、病気見舞いをもらった
→「快気祝い」として、快復の報告を兼ねた礼状とお礼の品を贈る。

出産祝いをもらった
→生後1ヶ月のお宮参りのあと、「内祝い」の表書きで縁起のよい品を贈る。
（のし紙の名前は赤ちゃんの名前で）

お返しは必要ない場合

結婚披露宴の招待客
→披露宴の引き出物がお返しの意味を持つ。

栄転祝い、災害見舞いなど
→近況の報告を兼ねて挨拶状を送る。

10.4 慶事のマナー

● 慶事のマナーは返事を出すところから始まっている

「平服で」とあったけど、カジュアルな私服じゃないよ

白い服は花嫁の色だから避けなきゃね

社会人になると結婚披露宴への出席の機会が増えます。結婚式や披露宴の招待状を受け取ったら、早めに返事を出します。返信が遅くなるほど、料理や引き出物、座席の手配などで相手に迷惑がかかります。**早くに返信するのもマナー**と心得ましょう。欠席の場合はその理由、お詫びの言葉とともに、お祝いの言葉を返信ハガキに書き添えます。

自分が結婚する際は、誰よりも先に直属の上司に報告します。上司には仲人(なこうど)をお願いするか、主賓としての挨拶をお願いするのが一般的です。会社の担当部署(人事部など)にも報告します。家族が増えることは社会保険の算定や手当てなどにも影響するからです。会社の規定に従った慶事休暇の申請も早めに済ませ、休暇中の仕事の調整も行います。

その他会社の慶事には社屋の落成式、開店祝いなどがあります。

第10章 接待・会食・冠婚葬祭のマナー

慶事の際のマナー

披露宴を欠席する場合は祝電を送る
→宛名は女性の場合旧姓のまま、披露宴の会場に届けます。

上司や同僚が結婚する
→披露宴に招待された場合は、披露宴会場でお祝い金を渡します。

お祝いの品は相手の意向をくむ
→お祝いの品は、遅くとも結婚式の1週間前に届くように手配します。品物にはお祝いのメッセージを記したカードなどを添えるとよいでしょう。

男性の服装
- 最も一般的なのはブラックスーツに白いワイシャツ
- ネクタイは白かシルバーグレイ
- ベストを着る場合は白、黒、グレーのどれか
- 「平服で」と指定されている場合はダークスーツ

女性の服装
- 一般的にはワンピースかスーツ
- 肩の出るカクテルドレスはショールなどを羽織る
- 品のよいアクセサリーでドレスアップする
- 花嫁の色である白は避ける
- 新婦より派手にならない

ここがポイント ご祝儀袋の選び方

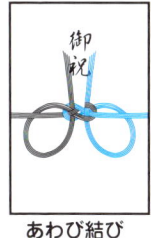

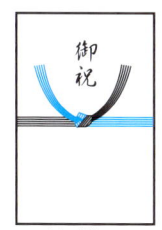

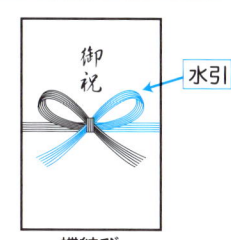

あわび結び　　結びきり　　蝶結び（水引）

- 結婚のお祝いは水引（みずひき）が紅白か金銀で、結びきり、あるいはあわび結びのものを選ぶ。
- 一般のお祝い事は水引が紅白で、蝶結び、あるいはあわび結びを選ぶ。
- 快気祝いは繰り返すとよくないので、結びきりを選ぶ。

10.5 弔事のマナー

● 弔事には落ち着いて対応する

弔事は突然やってきます。訃報を受けた場合、まずは落ち着いて対応することです。会社として対応する場合は次の点を確認しておきます。

● 喪主の氏名、故人との関係
● 通夜と告別式の日時と会場、葬儀の形式

同じ会社の社員かその身内が亡くなった場合には、所属部署の社員は手伝いを申し出るのが通例です。そうなった場合は上司をはじめ、葬儀社の指示に従って積極的に手伝います。

また、自分の担当する取引先で不幸があった場合は、すぐに上司に報告します。相手の役職や取引の重要度によって会社としての対応が変わってくるからです。通夜にも告別式にも参列できない場合は、弔電を手配します。

自分の近親者が死去した場合は、忌引きとして決められた日数の公休が認められています。

（吹き出し）
金時計やネクタイピンは外して、ボタンダウンシャツはなるべく避ける

香水やアクセサリーはNG 真珠なら一連のものだけ

第10章 接待・会食・冠婚葬祭のマナー

弔事の際のマナー

通夜に参列する

本来、通夜は身内やごく親しい人たちが集まって故人を偲ぶものです。突然の知らせを受け、会社から直行するということも多いので、必ずしも喪服を着用することはありません。故人と親しい間柄であれば、まずは駆けつけることが大切です。

告別式に参列する

故人とあまり親交がなかった場合は、告別式に参列するのが一般的です。会場に着いたら受付で係の人に香典を渡し、記名帳に署名します。

男性の喪服

- 通夜の場合は平服でよいが、派手な服装は厳禁
- 告別式では喪服を着用する。黒のスーツ、白無地のシャツ、黒ネクタイ、黒い靴
- ネクタイピンは控え、靴下も黒にする

女性の喪服

- 襟元の詰まった黒のワンピースかスーツ
- メイクは控えめに
- アクセサリーはパールの1連ネックレスのみ
- 靴やバッグは光沢のない黒
- ストッキングも黒

ここがポイント 焼香の仕方

④ 遺族にもう一度礼をして戻る。

③ ②の焼香を1回もしくは3回（宗派によって回数が異なる）したら、合掌する。

② 親指、人差し指、中指で香をつまんで眉間に近づけ、その香を香炉に落とす。

① 遺族に一礼し、焼香台に進んで遺影を一見、敬意を表す。

d．お祝いを贈るのは、お七夜を過ぎてから1ヶ月くらいのうちにする。

〔語群〕
①新築・開店祝い　②出産祝い　③お中元・お歳暮　④病気見舞い

【問題4】

慶事のマナーについての記述のうち、正しいものには○印を、誤っているものには×印をつけてください。

①披露宴を欠席するので、披露宴会場に電報を届けた。
②披露宴に招待されたので、披露宴会場の受付でお祝い金を渡した。
③「平服」と指定されていたので、いつものスーツで出席した。
④白いドレスを着て、披露宴に出席した。
⑤結婚のお祝いに、お祝い金を蝶結びの祝儀袋に入れた。

【問題5】

弔事のマナーについて、正しいものを2つ選んでください。

①突然の訃報を聞いて、その日に着ていたスーツで通夜に参列した。
②告別式の会場に着き、受付で遺族の方を呼んでもらい香典を直接渡した。
③告別式に喪服を着て出席した。
④エナメルの黒いバッグを持って通夜に参列した。
⑤親しかった故人と遺族に弔意を表すため、焼香を5回した。

第10章 確認テスト

●ビジネスマナー編●

【問題1】

次の文章は接待の準備を整える手順です。正しい手順に従って番号を並べ替えてください。

① 予算と会社の承認
② 関係者への連絡
③ 日程の調整
④ 参加者の人選
⑤ 場所の確保

【問題2】

正式な和食の席での席次を、上座から順番に番号をつけてください。

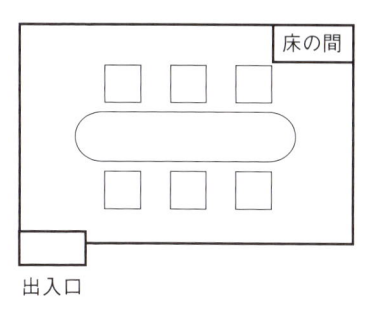

```
┌─────────────────────┐
│                床の間│
│  □  □  □           │
│  ╭─────────╮        │
│  ╰─────────╯        │
│  □  □  □           │
│                     │
└─┬───┬───────────────┘
  出入口
```

【問題3】

次の各文章は、贈答における留意点を説明しています。該当する言葉を語群から選んでください。

a. 本来は持参して挨拶すべきものだが、最近では店舗から直接配送してもうのが一般的になっている。配送の場合は挨拶状を同封してもらう。
b. 火事を連想させるものは避ける。
c. 家族に状況を確認してから贈答の品を選ぶ。花の場合は、切り花を選ぶ。

●ビジネスマナー編● 第10章 確認テスト 解答

【問題1】 ④→③→①→⑤→②

[解説]

接待には、飲食をともにすることで、互いをよく知り、信頼関係を一気に深めようという目的があります。

【問題2】

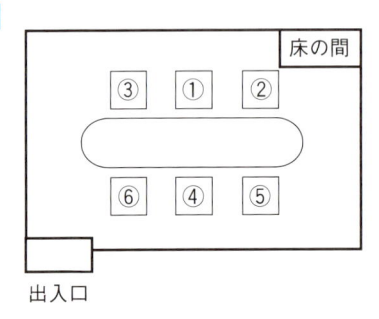

```
                              ┌──────┐
                              │ 床の間 │
                              └──────┘
          ③    ①    ②

          ⑥    ④    ⑤

   出入口
```

[解説]

上座は床の間側、下座は出入口近くです。また、真ん中に役職の高い人が座ります。

【問題3】 a.③　b.①　c.④　d.②

[解説]

会社の上司や同僚などに結婚、出産、新築などめでたい出来事があった場合、自分との関係や親しさに応じて贈り物をすることがあります。また、自分が受ける立場になったらお返しをします。

【問題4】 ①○　②○　③×　④×　⑤×

[解説]

③「平服」といっても「普段どおり」というわけではありません。男性ならダークスーツ、女性ならワンピースかスーツなど改まった服装にすべきです。④白いドレスは花嫁の色ですから、出席者は着ません。⑤結婚のお祝い金は、(何度も繰り返さないようにという意味で) 結びきりかあわび結びの祝儀袋に入れます。

【問題5】 ①、③

[解説]

②香典は受付の人に渡します。わざわざ遺族を呼び出すことはしません。④エナメルのバッグは光るので弔事の席には不似合いです。⑤焼香は宗派によって異なりますが1回もしくは3回です。

MEMO

MEMO

MEMO

ビジネス実務研究会

ビジネス書編集者を中心に、会社経営者、ビジネスパーソン、ライターなどで組織された、ビジネス全般をテーマとした勉強会。

編集協力　AUプランニング
執筆協力　井手美由樹

新社会人のための仕事の基本　ビジネスマナー編

2007年4月1日　初版第1刷発行
2019年2月25日　　　第13刷発行

編　　者——ビジネス実務研究会
　　　　　　©2007 Miyuki Ide
発 行 者——張　士洛
発 行 所——日本能率協会マネジメントセンター

〒103-6009　東京都中央区日本橋2-7-1　東京日本橋タワー
TEL　03（6362）4339（編集）／03（6362）4558（販売）
FAX　03（3272）8128（編集）／03（3272）8127（販売）
http://www.jmam.co.jp/

装丁—————冨澤　崇
本文ＤＴＰ——有限会社サムネク
本文イラスト—大谷津竜介
印刷所————広研印刷株式会社
製本所————株式会社三森製本所

本書の内容の一部または全部を無断で複写複製［コピー］することは、法律で認められた場合を除き、著者および出版者の権利の侵害となりますので、あらかじめ小社あて許諾を求めてください。

ISBN978-4-8207-1698-3 C2034
落丁・乱丁はおとりかえします。
PRINTED IN JAPAN

JMAM 好評既刊図書

ミス・失敗がこわくなくなるビジネスマナー

日本能率協会マネジメントセンター〔編〕

A5判160頁

ビジネスマナーに関するミス・失敗を回避することに焦点を当てた一冊。
紙面だけではわかりづらい箇所は動画で確認することができ、セルフチェックテストで学習できるアプリ機能を搭載しています。

ミス・失敗がこわくなくなるビジネス文書

日本能率協会マネジメントセンター〔編〕

A5判160頁

ビジネス文書に関するミス・失敗を回避することに焦点を当てた一冊。
紙面だけではわかりづらい箇所は動画で確認することができ、セルフチェックテストで学習できるアプリ機能を搭載しています。

ミス・失敗がこわくなくなるコミュニケーション

日本能率協会マネジメントセンター〔編〕

A5判160頁

コミュニケーションに関するミス・失敗を回避することに焦点を当てた一冊。
紙面だけではわかりづらい箇所は動画で確認することができ、セルフチェックテストで学習できるアプリ機能を搭載しています。

ミス・失敗がこわくなくなる聴き方

日本能率協会マネジメントセンター〔編〕

A5判160頁

聴き方に関するミス・失敗を回避することに焦点を当てた一冊。
紙面だけではわかりづらい箇所は動画で確認することができ、セルフチェックテストで学習できるアプリ機能を搭載しています。

日本能率協会マネジメントセンター

JMAM 好評既刊図書

ミス・失敗がこわくなくなる話し方・敬語
日本能率協会マネジメントセンター〔編〕

A5判160頁

話し方・敬語に関するミス・失敗を回避することに焦点を当てた一冊。
紙面だけではわかりづらい箇所は動画で確認することができ、セルフチェックテストで学習できるアプリ機能を搭載しています。

ビジネスマナーがかんたんにわかる本
日本能率協会マネジメントセンター〔編〕

四六判184頁

すぐに職場で使えるビジネスマナーを、イラストと図解中心に解説。見開き完結で、押さえるべきポイントと「ねらい」が速習できます。

電話応対の基本がかんたんにわかる本
日本能率協会マネジメントセンター〔編〕

四六判192頁

正しい電話応対の基本を、会話例と実際にありがちな場面・よく使うフレーズでわかりやすく解説します。見開き完結で速習にも最適です。

ビジネス文書の書き方がかんたんにわかる本
日本能率協会マネジメントセンター〔編〕

四六判264頁

ビジネス文書の書き方とルールが、豊富な文例でやさしく理解できる。フォーマットを参考にすれば、そのまま文書も作成できる。

日本能率協会マネジメントセンター

JMAM 好評既刊図書

はじめの1冊！
オフィスの業務改善がすぐできる本
㈱日本能率協会コンサルティング〔著〕

四六判208頁

オフィス業務の生産性を投資を伴わずに大きく向上させる、実践改善手法とノウハウ集。仕事を効率よく進める知恵を、完全図解で紹介。

はじめの1冊！
まねして書ける企画書・提案書の作り方
齊藤　誠〔著〕

四六判224頁

50例の事例と企画書の各パーツなど、アレンジしてすぐに使えるサンプルを豊富に掲載。企画書の基本や作成の応用方法も紹介する。

きちんと話せる！とっさに使える！
敬語すらすら便利帳
今井登茂子〔著〕

四六判192頁

実際に「使える敬語」のフレーズを、場面ごとにNG例とともに解説。催促や抗議など、伝え方が難しい「ものの言い方」も紹介します。

仕事の基本
早く一人前になるための仕事の覚え方
関根雅泰〔著〕

四六判184頁

楽しくのびのびと仕事をしている人は、仕事覚えを加速させる共通のやり方を持っている。そのノウハウを実例を交じえてわかりやすく説く。

日本能率協会マネジメントセンター